PIERRE DE SÉGUR

GENS D'AUTREFOIS

PARIS

CALMANN-LÉVY, ÉDITEURS

3, RUE AUBER, 3

GENS D'AUTREFOIS

PIERRE DE SÉGUR

GENS D'AUTREFOIS

PARIS

CALMANN-LÉVY, ÉDITEURS

3, RUE AUBER, 3

UN ALLIÉ DE LOUIS XIV

SOURCES PRINCIPALES

Archives du ministère de la Guerre. — *Annales des Provinces-Unies*, par Basnage. — *La vie et les faits mémorables de l'évêque de Munster*, Leyde, 1679. — *De vitâ et rebus gestis Christophori Bernardi*, par Joànnes ab Alpen. — *Correspondance de la duchesse Sophie de Hanovre avec le palatin du Rhin*. — *Mémoires* du marquis de Pomponne, etc.

I

Au milieu des patientes recherches que nécessite tout ouvrage historique, on a quelquefois la surprise de voir surgir des vieilles paperasses tel personnage qui semble un anachronisme vivant, débris oublié d'un autre âge, spécimen isolé d'une race dès longtemps abolie. L'impression qu'on ressent alors est un peu celle du voyageur qui, dans une région mal connue, apercevrait à l'improviste quelque étrange animal, d'une espèce classée comme éteinte par les naturalistes et rangée parmi les fossiles. Ainsi m'est apparue, dans le cours d'un travail récent, la figure sombre et redoutable de Christophe-Bernard von Galen, prince-évêque de Munster dans le siècle de Louis XIV. Ce souverain ecclésiastique, véritable « fléau

de Dieu » et fier de cette appellation, ce soudard
en robe et en mitre qui, sur vingt-huit années
de règne, compta plus de vingt ans de luttes
et de batailles, tyran de ses sujets, épouvante
des États voisins, pillard, perfide et sangui-
naire, eût déjà, a-t-on dit, « fait scandale au
xiiie siècle[1] », à l'époque des prélats guerriers
dont la crosse était une massue. Mais qu'un
tel pasteur d'âmes ait pu prospérer dans
l'Église au temps de Fénelon et de Bossuet,
que son peuple l'ait toléré, que les plus illustres
souverains — et le Grand Roi plus qu'aucun
autre — aient cherché son alliance et cultivé
son amitié, c'est ce qui confond la pensée et
trouble l'imagination. Mieux que de longues
dissertations, de tels spectacles font comprendre
combien ce grand xviie siècle, si « galant » et
si policé quand on le regarde à distance, était,
dans la réalité, proche par certains côtés des
mœurs brutales du moyen âge, quelle foncière
rudesse d'âme se dissimulait trop souvent sous
la pompe fleurie du langage et la grâce des
belles révérences.

1. C. Rousset, *Histoire de Louvois*.

Il faut toutefois considérer que les faits qu'on va lire se passent sur l'autre rive du Rhin, dans une Allemagne encore à demi barbare, que l'Europe traite avec une sorte de dédain. Rien certes, à ce moment, ne pouvait faire prévoir l'essor de la race germanique, qui commence au siècle suivant et se poursuit depuis avec l'éclat dont nous sommes les témoins. Éparpillée en cent États rivaux — mal rattachés entre eux par le lien relâché et presque illusoire de l'Empire, — l'Allemagne alors semblait frappée d'irrémédiable décadence. « Les Français d'un côté et les Suédois de l'autre, dit un observateur du temps, sans compter les querelles intestines des Électeurs, ont tellement affaibli les Allemands, que nous n'avons plus rien à craindre des serres de l'Aigle, à peine assez puissante pour se soutenir elle-même et incapable d'attaquer ses voisins[1]. » L'état moral des peuples se sentait, suivant l'habitude, de cette ruine politique. La civilisation, surtout dans les provinces de la vallée du Rhin, semblait d'un siècle en retard

---

1. *L'espion dans les cours des princes chrétiens.*

sur les nations latines. Du moins était-ce
chez ces dernières une opinion accréditée :
« Les Allemands, dit un voyageur, sont en
général des gens rudes, mal polis, ignorants,
pesants et flegmatiques... Voici comment on
définit un Allemand : un animal qui boit plus
qu'il n'a soif, un tonneau qui contient plus qu'il
ne paraît grand, et un homme qui entend plus
qu'il n'en peut exprimer. » De ces défauts, le
plus incontestable était l'ivrognerie, si répandue
dans toutes les classes qu'il y fallait voir,
disait-on, « le péché originel des Allemands,
d'où il s'est propagé dans les autres pays ».
Plus encore que les gens du peuple, les
seigneurs et les princes faisaient profession
d'être ivrognes et tiraient gloire de leur capa-
cité. L'un d'eux, comte d'illustre maison,
« avait coutume de faire boire ses enfants
en bas âge, pour savoir s'il en était ou non
le père ; s'ils tombaient malades après la
débauche, il concluait qu'ils étaient bâtards ;
mais s'ils la pouvaient soutenir, il les chérissait
comme issus de son sang[1] ». Cette grossièreté

---

1. *L'espion dans les cours des princes chrétiens.*

s'alliait avec la ruse et souvent même avec la perfidie, dont on faisait honneur aux relations fréquentes des petites cours d'Allemagne avec celles d'Italie. *Tedesco italianato*, disait un proverbe courant, *é un diavolo incarnato*. « Un Allemand frotté d'Italien est un diable incarné. »

C'est bien d'ancêtres de cette race que procédait celui qui fait l'objet de cette étude; on retrouve tous ces traits dans ce qui, de son ascendance, est venu jusqu'à nous. Les documents diffèrent sur l'illustration de sa famille : la maison d'où sortit Galen était, au dire de Moréri[1], « l'une des plus considérables de la Westphalie »; son père était, suivant les autres, un « petit gentilhomme » vivant obscurément dans sa terre de Bisping, dont il joignait le titre à son nom de Galen. Grand seigneur ou hobereau, ce Bisping était, en tout cas, un homme rude, violent, passionné tour à tour pour la table et la chasse, ne quittant une « débauche » que pour courir les bois à la suite de ses chiens, tantôt sur son propre domaine, et plus souvent sur les terres du

---

1. *Dictionnaire historique.*

voisin. C'est dans une de ces incursions qu'il eut maille à partir avec le maréchal Morien, qui commandait les troupes de l'évêque de Munster ; le maréchal, par représailles, fit enlever par ses gens le piqueur et les chiens, maltraita le premier et massacra les autres. Bisping, enflammé de colère, jura de venger cet affront. L'occasion s'en offrit bientôt : certain jour qu'il passait dans la ville de Munster, il rencontra Morien dans une rue isolée, le chargea l'épée à la main, et « le poussa si fort », qu'il le tua sur la place. Que ce fût duel ou guet-apens, le meurtre fit grand bruit ; Bisping fut arrêté et jeté en prison, et l'on instruisit son procès, qui traîna si bien en longueur, que l'accusé mourut cinq ans plus tard, la cause étant encore pendante. Sa femme, pendant cette procédure, allait le visiter au fond de son cachot ; ce fut ainsi qu'elle devint grosse et accoucha, l'an 1607, dans la terre de Bisping, d'un fils qui fut nommé Christophe-Bernard von Galen. Elle survécut seulement d'un an à son époux ; et le jeune orphelin, dénué de toute ressource — les biens de sa famille étant confisqués par arrêt, — fut recueilli par le frère de sa mère, qui se chargea de son éducation.

Cet oncle charitable avait nom Bernard Malinkroot. Entré de bonne heure dans l'Église, il avait fait rapidement sa carrière, et se trouvait alors chanoine dans le chapitre de Munster, dont quelque temps après il fut élu Doyen. C'était un homme instruit et de quelque mérite, estimé pour ses mœurs, mais ambitieux, dominateur, jaloux de son autorité, aimant à déployer la vigueur de son caractère. Le pupille qu'il s'était choisi lui fut à cet égard d'un utile exercice : jamais enfant plus difficile ne troubla de sa turbulence la demeure austère d'un chanoine. Dans ses démêlés quotidiens avec ses camarades d'école, sa fougue, son opiniâtreté, son courage emporté, le rendaient, dit-on, « formidable », et ses accès de violence « faisaient trembler jusqu'à ses maîtres ». Il méprisait d'ailleurs, comme indignes de soi, les amusements habituels de l'enfance, ne se plaisait qu'aux jeux dangereux et malfaisants, les batailles dans les rues avec les vauriens du quartier, les courses effrénées à travers les campagnes, le pillage des vergers et des basses-cours du voisinage. Est-il besoin de dire qu'en ces expéditions il était toujours chef de bande, et que nul à côté de lui n'osait élever la voix? Les remontrances, les châtiments, les coups, tout échouait également devant cette humeur indomptable. Malinkroot cependant obtint ce résultat que Bernard, parmi ses folies, fît d'assez bonnes études. « Soit dissimulation, écrit l'un de ses biographes[1], soit qu'il aimât effectivement les lettres, il s'y appliqua pour de bon. » Comme il avait l'esprit ouvert, il en tira profit; le témoignage de ses contemporains lui accorde une culture, une instruction solides, peu répandues à cette époque chez les gentilshommes de son rang[2].

Lorsqu'il eut terminé ses classes, Malinkroot le fit voyager, comme il était d'usage pour parfaire une éducation. Quelque obscurité plane sur toute cette période de sa vie. Ce qu'on en peut apprendre est que, pendant plusieurs années, il suivit le métier des armes, commanda même un régiment dans l'électorat de Cologne.

1. *La vie et les faits mémorables de l'évêque de Munster*, Leyde, 1679.
2. *Mémoires de Pomponne.* — Correspondance de Luxembourg aux Archives de la Guerre.

Il guerroya quelques campagnes, y fit preuve de valeur, mais se dégoûta du service et revint à Munster, où il fût mort de faim, sans l'assistance de son oncle et tuteur qui, pour la seconde fois, s'offrit à le tirer d'affaire. L'expédient qu'il imagina fut d'orienter l'enfant prodigue vers l'état ecclésiastique, et le conseil — chose imprévue — fut accepté sans résistance. D'officier de fortune, Bernard passa d'un bond étudiant en théologie. Le Doyen, dès les premiers temps, pour encourager ses efforts, lui fit avoir par son crédit « de ces petits bénéfices qu'on appelle à simple tonsure », puis il le poussa par degrés jusqu'aux dignités supérieures. En l'an 1650, nous trouvons Bernard von Galen chanoine de la cathédrale de Munster, et Prévôt du chapitre dont son oncle était le Doyen. Malgré quelques rivalités, tous deux jusqu'à cette heure avaient vécu ensemble en bonne intelligence; l'événement qui survint détruisit cette entente et mit leurs ambitions aux prises.

II

Munster est, comme on sait, une des plus anciennes villes d'Allemagne. Située en Westphalie, sur la rivière de l'Aa[1], au centre d'une plaine fertile, au xviie siècle elle tirait sa célébrité des terribles luttes religieuses dont, cent années auparavant, elle avait été le théâtre. Là s'était longtemps retranchée, comme dans un fort inexpugnable, la secte des Anabaptistes ; là Jean de Leyde, pendant quatorze mois, avait résisté aux efforts des princes allemands coalisés. La tour de l'église Saint-Lambert portait encore la cage de fer où fut enfermé le « prophète » avec ses principaux complices. Ces révoltes, ces guerres civiles avaient, dans le pays, laissé des traces profondes. Nulle part,

1. Affluent de l'Ems.

dans toute la Germanie, le peuple n'était à la
fois plus opprimé et plus farouche, les nobles
plus despotes, les bourgeois plus frondeurs, et
le clergé plus turbulent. Le mode de gouvernement qui régissait la province était peu fait pour
apaiser cette fermentation des esprits. De la
ville de Munster, Charlemagne, en 780, avait
fait un évêché; l'empereur Frédéric II, quatre
siècles plus tard, avait élevé l'évêque au rang
de prince de l'Empire; le choix du titulaire
était à l'élection, selon le système en vigueur
en de nombreuses villes germaniques. Dans les
États constitués de la sorte, les chapitres des
cathédrales, la plupart composés de nobles,
formaient le corps électoral; l'évêque, nommé
à la pluralité des voix — on devine aisément
après quelles luttes et quelles intrigues, —
recevait du même coup la dignité de prince, le
droit « de séance et de suffrage à la diète de
l'Empire ». Il lui fallait d'ailleurs, pour exercer
ces droits, l'agrément de l'Empereur comme
prince, et comme évêque celle du Saint-Siège.
Par le traité de Westphalie, bon nombre d'évê-
chés s'étaient vus sécularisés en faveur de
princes protestants; certains, comme celui

d'Osnabrück, par une conciliation étrange, étaient tour à tour gouvernés par un prince luthérien et par un évêque catholique. Pour l'État de Munster, les habitants de la région — ceux de la ville comme ceux de la province — étant restés fidèles à la vieille communion romaine, le prince était toujours un évêque catholique. Douze villes, outre la capitale, ressortissaient de son autorité. Le pays était bien peuplé, les champs bien cultivés et le commerce florissant[1]; aussi les caisses publiques étaient richement garnies, l'armée bonne et nombreuse, et le prince-évêque de Munster était considéré comme un important personnage.

Jusqu'à l'époque dont nous nous occupons, l'évêché de Munster avait été remis, depuis nombre d'années, aux mains de Ferdinand de Bavière, archevêque de Cologne, qui cumulait ainsi ces deux épiscopats. Lorsqu'il mourut, en l'an 1650, l'archevêché échut à son coadjuteur, Maximilien-Henry, comme lui duc de Bavière;

1. Le principal commerce était celui du bétail et des porcs. La province, disait-on, fournissait de jambons toute l'Europe.

l'évêché se trouva vacant, et les compétitions s'ouvrirent. Nul ne doutait dans la province que le successeur désigné ne fût le doyen Malinkroot; ses longs services, son intégrité reconnue, l'autorité dont il jouissait dans le chapitre cathédral, tout semblait l'indiquer au choix de ses confrères. Les plus anciens d'entre eux lui avaient, disait-on, secrètement engagé leurs voix, et Malinkroot ne doutait pas que la majorité n'y joignît ses suffrages. L'événement déjoua ses calculs. Tout corps électoral, fût-il composé de chanoines, est incertain, mobile, sujet aux revirements soudains. La candidature du Doyen ne fut pas plutôt déclarée, qu'un vent d'opposition souffla dans le chapitre et qu'un parti puissant se forma contre lui. Les jeunes chanoines surtout le combattaient avec acharnement. Irréprochable dans ses mœurs, le Doyen, à vrai dire, manquait d'indulgence pour autrui; pour réprimer certains écarts, il avait la main un peu lourde. Ceux qu'il avait durement traités rappelèrent leurs vieux griefs, ses réprimandes publiques et son intolérance bourrue. Les honneurs, craignaient-ils, ne feraient qu'aggraver son humeur tyrannique;

le pouvoir, dans ces mains sévères, deviendrait
vite « un joug insupportable [1] ».

Galen attisa-t-il lui-même le feu de cette hostilité? On ne peut l'affirmer de façon péremptoire; le fait certain est qu'il en profita. La
« cabale » formée contre l'oncle porta toute sa
faveur — d'abord sans bruit, à la sourdine —
sur le neveu, plus jeune, moins austère à coup
sûr et d'habitudes moins surannées. Et ce fut
proprement l'histoire des grenouilles qui cherchent un roi.

L'élection de l'évêque devait, suivant la
règle, se faire dans les six mois de la vacance
du siège, le pape, ce délai écoulé, ayant le droit
de désigner d'office tel candidat qui lui plairait.
Malinkroot, cependant, vaguement instruit
de ce qui se tramait, différait prudemment la
convocation du chapitre, qui lui incombait
comme doyen; cinq mois s'écoulèrent sans
qu'on abordât la question qui, dans toute la
province, tenait les esprits en suspens. L'irri-
tation des jeunes chanoines s'accrut de ces
atermoiements, et Galen jugea l'heure venue

1. *La vie et les faits mémorables...*

de frapper un coup décisif. Le moyen qu'il imagina est caractéristique et bien conforme aux mœurs du temps. Il convia ses confrères à un vaste festin; la plupart répondirent à cette invitation; de ses partisans notamment, pas un ne manqua à l'appel; ils se groupèrent ensemble à table, en phalange serrée et compacte. Le banquet fut long et copieux; le vin ne fut pas épargné, et « l'on but d'importance ». Vers la fin du repas, on porta des santés; celle de l'amphitryon fut saluée avec enthousiasme, toutes les coupes se tendirent vers lui. Dans cette effervescence, un grand cri s'éleva tout à coup : « *Vivat Bernardus episcopus!* — Vive Bernard von Galen, il est digne d'être notre évêque[1]! » L'acclamation fut formidable; les murs de la salle en tremblèrent; nul n'osa résister à l'enthousiasme général. L'écho de ces clameurs alla, dit-on, jusqu'au Doyen qui, se nommant aussi Bernard, se crut évêque « un bon demi-quart d'heure ».

Sa stupeur n'en fut que plus vive quand il connut la vérité. Et lorsque, au lendemain de

---

1. *Annales des Provinces-Unies*, par Basnage.

la fête, une délégation de chanoines vint le sommer d'assembler le chapitre, pour confirmer régulièrement l'élection faite « dans les fumées du vin », il ne put contenir son dépit; son refus s'exprima en termes violents. Cette colère maladroite hâta le dénouement : les chanoines, dans l'après-midi, se réunirent d'eux-mêmes, élurent unanimement Galen, puis écrivirent au pape pour l'informer de leur résolution. Le nouvel évêque, au surplus, ne se donna pas le loisir d'attendre la réponse; sans faire plus de cérémonie, il prit possession de son siège. Les Munstériens bientôt connurent à leurs dépens l'homme qu'on venait de leur donner pour maître.

III

Malinkroot était opiniâtre et ne se tint pas
pour battu. Les années qui suivirent furent
remplies par les luttes de l'oncle et du neveu,
de l'évêque de Munster et du doyen de son
chapitre. Je me garderai bien d'en donner le
détail, peu curieux d'ajouter un chant au poème
classique du *Lutrin*; il me suffira d'en noter
les péripéties principales. Malinkroot, dès
l'abord, porte l'affaire en cour de Rome :
l'élection, allègue-t-il, s'est faite hors des
formes légales; de plus, Galen, fils d'un
homme mort en prison sous une inculpation
de meurtre, est, suivant les canons, inhabile
à porter la mitre. L'évêque riposte avec
vigueur, réclame impérieusement « ses
bulles »; les séculiers et les bourgeois pren-

nent parti pour ou contre; le pape, embarrassé, ne sait auquel entendre; et cette espèce
de « schisme » se prolonge près de cinq
années, cinq années où Galen, bien que non
« confirmé », n'en vaque pas moins avec sérénité à ses fonctions épiscopales. La mort d'In-
nocent X[1] semble pourtant devoir terminer
la querelle; son successeur, Alexandre VII,
« moins délicat sur la matière[2] », donne raison
à Galen, confirme l'élection. Mais Malinkroot
exaspéré redouble ses attaques; nombre de
Munstériens, épouvantés de ce qui se révèle
de « l'humeur altière » de Galen, se rangent
derrière le doyen du chapitre, et la ville se partage en deux factions rivales, qui se déchirent
d'injures. Les « écoliers » surtout se dis-
tinguent par leur violence; un jour de fête,
dans l'église cathédrale, comme l'évêque
officie en pompe, une troupe de forcenés l'entourent, le désignent du doigt : « *Non hunc, sed
Barrabam!* » s'écrient-ils avec insolence, en
parodiant les Écritures. Ce scandale met le
comble à l'indignation de Galen. Il exile son

1. 1655.
2. *Annales des Provinces-Unies.*

oncle à Cologne ; puis, quelque temps après, informé qu'il revient secrètement à Munster, il le fait enlever sur la route et le jette au fond d'un cachot. Le Doyen, à vrai dire, n'y languit pas longtemps ; l'âge, ou la maladie, ou quelque autre cause inconnue, mit, en peu de semaines, un terme à ses malheurs.

Que la nature ou l'art ait provoqué cette fin rapide, c'est ce que ses amis n'eurent guère le temps d'approfondir, car, à peine délivré du chef de la révolte, l'évêque dirigea sa vengeance contre les bourgeois de Munster, qu'il considérait comme complices. Bien qu'assujétis en principe à la juridiction épiscopale, ceux-ci, par tradition, conservaient quelques privilèges et les maintenaient avec un soin jaloux. Certains droits notamment leur tenaient au cœur de très près : du nombre était celui de n'avoir point de garnison imposée par l'évêque, de détenir les clefs de la ville, de « donner le mot » pour la garde. C'était là qu'ils voyaient les dernières garanties de leur indépendance. L'évêque, en prétendant abolir ces coutumes, frappa donc ses sujets au point le plus sensible. La querelle fut d'abord portée devant les États

de la province; de là, l'affaire alla jusqu'à
l'Empereur, qui demanda de longs délais pour
rendre sa sentence. Le nom de Galen, sa
réputation d'implacable énergie, commençaient
dès ce temps à se répandre dans l'Allemagne,
et nul ne se souciait d'exciter sa colère. Les
hésitations impériales ne découragèrent pas les
bourgeois; ils s'adressèrent aux États de Hollande; leur syndic s'en fut à La Haye demander
du secours; mais l'évêque le fit prendre, l'envoya
au camp sous bonne garde; puis, considérant
cette démarche comme un outrage à son autorité, il rassembla des troupes et, marchant sur
Munster, mit brusquement le siège devant sa
capitale[1]. Il avait sous ses ordres environ neuf
mille hommes, recrutés à prix d'or dans toutes
les parties de l'Allemagne; l'artillerie, pour
l'époque, était puissante et nombreuse; l'attaque dès le début fut chaude. La ville de son
côté était pourvue de bons remparts, mais sa
meilleure défense était la fermeté, le vaillant
cœur des citoyens : sûrs de la justice de leur
cause, ils jurèrent tous « de sacrifier leurs vies

[1]. Juillet 1657.

pour le maintien des droits qui leur venaient de leurs ancêtres », et tinrent héroïquement parole.

Les relations du temps nous ont transmis tous les détails du siège [1]; la férocité de Galen y éclate sous un jour atroce. A peine à portée des murailles, sans sommation et sans avertissement, il commande le bombardement. Une grêle de projectiles s'abat sur la cité paisible, causant d'affreux ravages, broyant des enfants et des femmes. La surprise de cette agression n'affaiblit pas la résistance. Galen ordonne alors de se servir de boulets rouges, et fait tirer de préférence « sur les cloîtres et les hôpitaux ». Partout s'allument des incendies; près de deux cents maisons sont détruites en moins d'une semaine. Pour apitoyer le prélat, un vieux prêtre, au dire des chroniques, gravit un des remparts, élève une hostie vers le ciel : sur l'ordre de l'évêque, les canonniers le prennent pour cible; un boulet adroitement pointé lui fait voler la tête, à la grande horreur de la foule. Ces fureurs et ces sauvageries exaspèrent les bourgeois sans les intimider.

1. *Annales des Provinces-Unies. — La vie et les faits mémorables... — De vità et rebus gestis;* etc.

Chacun s'empresse à la défense et prend sa part de peine et de danger. Ouvriers et « gens de commerce », armés de piques et de mousquets, font des sorties parfois heureuses; les femmes, les vieillards, les enfants, réparent les brèches des murs avec des sacs de terre, s'efforcent d'éteindre les bombes en les couvrant de « cuir mouillé »; les prêtres et les moines font dans les rues des processions publiques. Sur tous les points élevés on dresse des étendards, portant en lettres colossales cette inscription vengeresse :

« L'évêque Galen est un incendiaire! »

Pendant des semaines et des mois se poursuivit cette destruction barbare. Fier de son passé militaire, Galen commandait seul et ne souffrait aucun conseil; mais, chef de bande plutôt que général, l'art de la guerre se réduisait pour lui à foncer sur l'obstacle, sans stratégie et sans travaux d'approche. Mitrailler et brûler tout ce qu'on trouvait devant soi était, semble-t-il, à ses yeux le dernier mot de la tactique. Avec une telle méthode, la prolongation de la lutte dépendait uniquement de la

constance des assiégés, des vivres et des munitions dont était approvisionnée la ville. Il se
fit, le 1er septembre, une tentative d'accommo-
dement. Le clergé et les « chevaliers » écrivirent à l'évêque une lettre digne et mesurée,
représentant en des termes touchants le « mal
affreux » qu'il faisait à son peuple, proposant
néanmoins de lui ouvrir les portes, pourvu
qu'il s'engageât à respecter les anciens privilèges, à traiter ses sujets « en prince et non pas
en tyran, en pasteur et non pas en loup ». La
réponse de Galen ne leur laissa point d'espérance. Il répliqua d'un ton hautain qu'en invoquant contre leur prince le secours d'un État
voisin, ils s'étaient rendus à jamais indignes
de leurs droits et de leurs privilèges, qu'en
désobéissant « à leur maître naturel », ils
avaient commis sciemment « le plus grand des
péchés », et que leur seule ressource était de
se rendre à merci. Sur quoi, bombes et « boulets ardents » recommencèrent à pleuvoir de
plus belle.

Ainsi brutalement rebutés, les Munstériens
tournèrent leur espoir au dehors. Le bruit de
cette guerre inhumaine s'était répandu en

Europe. Ce prince décimant ses sujets, cet évêque bombardant ses ouailles, ne laissait pas de causer du scandale chez les nations chrétiennes. Le Saint-Siège s'émut le premier : le pape, par un bref péremptoire, somma Galen de mettre bas les armes et de cesser le feu sur l'heure, sous menace d'encourir « son indignation et sa haîne ». Mais ces foudres lointaines ne produisirent aucun effet ; le prélat affecta d'en rire et, pour témoigner son mépris, accabla le lendemain la ville d'une si foudroyante avalanche, que des hauteurs voisines on la crut un moment « embrasée tout entière ». Les électeurs de Bavière et de Saxe, vicaires et administrateurs de l'Empire depuis la mort [1] de Ferdinand III, intervinrent à leur tour, adressèrent un appel à la « miséricorde », et remportèrent le même succès. La conscience d'un tel homme n'admettait pas le remords et, pour arrêter sa vengeance, les bonnes paroles et les exhortations étaient des armes bien fragiles. « Il faut, répétait-il souvent[2], qu'un homme de guerre se fasse un plaisir du

1. Survenue le 2 avril 1657.
2. *La vie et les faits mémorables*, etc.

carnage, de l'effusion du sang, et qu'il soit insensible aux gémissements des blessés. Quiconque n'est pas de cette humeur n'a que de la mollesse, et ne mérite point de passer pour homme de cœur. » Quant à l'honneur et la justice, il n'y voyait que « des chimères, un peu de vent et de fumée dont se repaissent les âmes infatuées de préjugés », tandis que « l'argent et le fer sont les vrais maîtres du monde ». Ainsi, deux siècles à l'avance, ce prélat westphalien semblait-il pressentir certaine formule sur le droit et la force, qui depuis lors a fait fortune.

C'est pourtant de cette dureté d'âme, de cet impitoyable orgueil, que vint le salut de la ville. Les habitants, dans leur détresse, s'adressèrent derechef aux États de Hollande. On conserve la lettre où ils imploraient cet appui :

« Très hauts et très puissants Seigneurs, la grande estime que nous faisons de votre générosité nous oblige à avoir recours à votre protection contre un tyran qui nous opprime. Nous l'appelons tyran, puisqu'il nous persécute, quelques efforts que nous ayons faits pour lui plaire ; et toute la terre est témoin

que, s'il était bon maître, nous serions des
sujets soumis. Mais, sans vous informer d'une
vérité si connue, nous vous prions de vous
ressouvenir que vous avez toujours été le
refuge des affligés et l'asile des innocents, et
que jamais service ne fut plus juste que celui
que nous vous demandons... »

Les États, sur cet humble appel, se bornèrent
tout d'abord à proposer aux deux parties leur
médiation pacifique. Trois députés furent envoyés pour négocier l'accord entre l'évêque
et ses sujets. Galen leur fit accueil; mais, sitôt
qu'ils voulurent pénétrer dans la ville, il arrêta
leur marche, confisqua leurs papiers, et déclara
qu'il les gardait prisonniers dans son camp.
Grande fut, à cette insulte, l'indignation des
États-Généraux. L'ordre fut expédié de rassembler des troupes; le gouverneur de Maës-
tricht en eut le commandement; des billets
pleins d'encouragements furent secrètement
jetés dans la ville assiégée : « Courage, Munster,
y lisait-on, les Hollandais viennent à ton
secours[1]! »

1. *Annales des Provinces-Unies.*

Quelques jours plus tard, en effet, Galen apprit par ses espions qu'un corps de l'armée hollandaise marchait pour débloquer la ville. Il comprit que cette fois « l'affaire devenait sérieuse », que la bravade n'était plus de saison. Fort à propos, sur l'entrefaite, le chapitre se présenta pour accommoder la querelle; l'évêque accepta l'arbitrage; on fit des concessions mutuelles. L'amnistie générale fut convenue pour les faits passés, et la ville consentit à recevoir une garnison qui ne devrait, en aucun cas, excéder cinq cents hommes. L'accord s'établit sur ces bases. Dans les premiers jours de décembre — après un siège où deux mille hommes, dit-on, avaient péri de part et d'autre — Munster ouvrit ses portes, et Galen fit une entrée triomphale. Est-il besoin de dire que, maître de la place, il ne respecta point les termes du traité? Quelques mois à peine écoulés, la garnison était triplée, les notables bourgeois et les chefs de l'insurrection persécutés, dépouillés de leurs biens. Un nouvel essai de révolte fut réprimé avec la dernière violence[1],

1. Année 1639.

et servit de prétexte pour asseoir définitive-
ment le pouvoir absolu. Un fort, que l'on
nomma *la lunette de Munster*, bien garni de
canons et dirigé contre la ville, « épouvanta les
habitants » et les tint en respect; toutes les
« confréries » furent cassées, toutes les com-
munautés dissoutes, tous les privilèges abolis;
la richesse de la bourgeoisie sombra sous des
taxes ruineuses. Les infortunés Munstériens
n'eurent qu'à courber la tête sous le joug
qui les accablait. « De quelque côté qu'ils se
tournassent, ils ne voyaient plus de refuge :
les forces leur manquaient, leurs coffres étaient
épuisés, et nul prince ne les protégeait... Ainsi
l'évêque jouissait paisiblement de son autorité,
et eût été un prince heureux s'il eût su borner
ses désirs [1]. »

1. *La vie et les faits mémorables*, etc.

IV

La sagesse en effet eût voulu que Galen se
contentât de sa fortune présente. Maître absolu
d'une belle province, traitant de puissance à puissance avec les souverains de l'Europe, le fils du
petit gentilhomme mort dans les prisons de Munster, l'orphelin recueilli par la charité d'un chanoine, avait en peu d'années fait assez de chemin.
Mais son humeur inquiète, vaniteuse, tour-
mentée, ennemie de son propre repos comme
de celui des autres, le pousse perpétuellement
en de nouvelles aventures. Dans son cerveau
malade fermentent de vagues idées de grandeur
et de gloire; il se croit appelé, confesse-t-il,
« à faire beaucoup de bruit dans le monde »
et n'est jamais à court de quelque belle sentence pour justifier les entreprises les plus

folles et les plus iniques : « Un grand cœur doit
toujours tendre à s'élever de plus en plus; si
les grands desseins ne réussissent pas, il est
glorieux de les entreprendre, et la Fortune se
plaît à seconder les téméraires. » Un de ses
familiers voulant le dissuader de se heurter,
avec une faible armée, contre une des grandes
puissances : « Les petits saints, lui répond-il,
font quelquefois de grands miracles[1]! » Les
échecs, au surplus, ne le rebutent pas aisément. Il s'obstine contre tout espoir, et fait
parade de fatalisme. Le sort des armes, à ses
yeux, n'est qu'une simple « partie de dés », où
nul n'a chance de gain s'il ne met d'abord à
l'enjeu.

Son ambition d'ailleurs ne se confine pas en
un point. S'il fait fiasco sous la cuirasse, il se
rattrapera sous la pourpre. « J'ai assez d'argent
à la banque de Venise, écrit-il cyniquement,
pour acheter un chapeau de cardinal[2]. » Mais
ce n'est là qu'un pis aller, et sa prédilection
avouée est pour la gloire qu'on acquiert à la

---

1. *Annales des Provinces-Unies.* — *La vie et les faits,* etc.
2. Lettre du chevalier Temple. *Annales des Provinces-
Unies.*

guerre. S'agit-il de lever des hommes, d'organiser des régiments, d'acheter des chevaux et des armes, tous moyens lui sont bons, aucun impôt ne lui semble excessif. Si l'on objecte la misère où il va réduire ses sujets : « C'est le bon moyen, réplique-t-il, de les rendre obéissants et souples; un prince n'est pas le maître, quand son peuple est dans l'opulence. » Brave au reste et actif, il ne s'épargne pas lui-même. Dans les batailles comme dans les sièges, il est au premier rang, animant les soldats et leur donnant l'exemple. On ne doit voir qu'une injuste boutade dans ce qu'écrit de lui la duchesse Sophie de Hanovre[1] : « Quant à l'évêque, il ne s'est jamais hasardé plus loin que pour sonder un marais, où il tomba jusqu'au col; et, si on ne l'en eût retiré, il eût pour une fois couru risque. »

Ajoutons, pour achever l'esquisse, que ce prince belliqueux se ressouvenait à l'occasion qu'il était également évêque. Bien qu'il « s'aimât mieux », à coup sûr, « l'épée à la main que la crosse, et à la tête d'une armée qu'à la queue

1. *Correspondance* avec son frère, le palatin du Rhin, Leipzig, 1886.

d'une procession », il ne dédaignait pas de vaquer quelquefois à des soins moins profanes. « Le cardinal de Bouillon, rapporte Pellisson [1], nous disait ce matin que M. de Munster n'omet pas une des fonctions d'évêque, et qu'il est fort exact en matière de discipline ecclésiastique. » Lorsqu'en 1672 il s'en vient trouver Louis XIV, Galen préside un *Te Deum*; au cours de la cérémonie, il présente au Roi l'eau bénite, « tout botté, éperonné, vêtu d'un justaucorps brun », et remplit l'office de prélat en cette tenue de mousquetaire.

La « rage guerrière » de l'évêque de Munster n'excluait pas certaine dose de prudence. Avant de se lancer en de grandes aventures, il voulut essayer ses forces contre de plus faibles que lui; les petites seigneuries voisines de ses États firent les frais de cette expérience. Le comté de Borkelo, apanage du comte de Styrum, et certaines citadelles de la principauté d'Oost-Frise, se trouvèrent par fortune « à la bienséance » de Galen. Convoiter une chose et la prendre étant pour lui tout un, il n'hésita pas

---

1. *Lettres* de Pellisson.

un instant à s'en passer la fantaisie. Son procédé, en pareil cas, est simple autant qu'expéditif. Ce sont d'abord, pour la galerie, quelques griefs imaginaires et des chicanes de procureur; puis, suivi de ses bandes, il envahit le territoire, dévaste et pille tout sur sa route, et se saisit de l'objet du litige. Ceux qu'il a dépouillés ont pour unique ressource de se plaindre à leurs protecteurs. Mais l'Empereur est lent et timide; tout ce qu'on en peut obtenir est une enquête sans résultat, suivie de menaces sans sanction. Le roi de France, auquel on s'adresse également, est secrètement d'accord avec l'envahisseur: en entrant dans la ligue du Rhin [1], Galen s'est ménagé la faveur de la France; le comte d'Estrades [2], notre ambassadeur à La Haye, appuie sous main ses prétentions. Dans cette inertie générale, une fois encore le seul obstacle que rencontre Galen à son ambition effrénée est la conscience honnête des États de Hollande.

Les entreprises de ce dangereux voisin, les plaintes qui s'élèvent de toutes parts des régions que parcourent ses hordes, les excès auxquels

---

1. Cette adhésion eut lieu en 1658. Mss de l'Arsenal, 4893.
2. 1607-1686. D'abord diplomate, puis maréchal de France.

elles se livrent, provoquent dans les Provinces-Unies une indignation violente. Une sommation comminatoire étant demeurée sans réponse[1], un corps d'armée fut envoyé contre les Munstériens, et le prince de Nassau, gouverneur de la Frise, reçut mission de le conduire. Les rencontres, dans le début, ne firent que peu d'honneur aux armes de l'évêque. Plus exercées à piller qu'à combattre, ses troupes, en rase campagne, se dispersaient à la première décharge. Elles firent meilleure contenance derrière les murs d'une citadelle. Dans le fort de Wilderskaus, où Galen s'était enfermé, la résistance fut honorable. Cependant la défense approchait de son terme, quand une aventure imprévue sauva la garnison. Le prince Guillaume-Frédéric de Nassau, le chef de l'armée hollandaise, en essayant un pistolet, reçut la charge en plein visage. La blessure fut horrible; le prince eut pourtant le courage de dicter le jour même une lettre au prince d'Orange pour lui mander son accident : « Voulant faire dans une chambre l'essai d'un pis-

_____
1. Mai 1664.

tolet, sur ce que le feu ne voulut pas prendre à l'amorce, je ne l'eus pas sitôt tourné pour voir ce qui manquait, qu'il me tira droit au menton, de sorte que toutes mes dents sont ébranlées et que je ne puis parler ni rendre un son articulé... » Au bas de cette épître, on peut lire ces lignes touchantes, ajoutées de sa propre main : « Je supplie Votre Altesse de prendre garde à Elle, que le même malheur ne lui arrive avec des armes à feu, et que je lui sois un exemple dont Elle profite[1]. » Le prince, après d'affreuses souffrances, succomba quelques jours plus tard ; et la disparition de ce chef populaire jeta le désarroi parmi les assiégeants. Le blocus fut abandonné. Galen, sorti d'un si pressant péril, se montra plus accommodant ; il consentit à négocier avec les États-Généraux, rendit les places conquises, et reçut en échange une forte indemnité. Mais, de l'humeur que nous lui connaissons, on pressent bien que la partie n'était pas pour lui terminée : un ardent désir de vengeance s'alluma dans son cœur contre ceux qui, deux fois déjà, avaient traversé ses

1. *Annales des Provinces-Unies.*

desseins; et la Hollande ne tarda guère à voir l'effet de cette rancune.

L'occasion vint s'offrir d'elle-même dans le cours de l'année suivante, avec tant d'à-propos que l'évêque y crut voir comme « une faveur spéciale » et un encouragement du ciel, complice de son ressentiment contre ce peuple d'hérétiques. La guerre, qui couvait de longue date, éclata brusquement en 1665 entre la Hollande et l'Angleterre; et cette dernière puissance, tandis que les deux flottes rivales se disputaient la royauté des mers, se chercha des alliés qui fissent, du côté de la terre, une profitable diversion. Galen proposa-t-il son aide, ou vint-on la solliciter? Le point demeure obscur; le fait certain est qu'un agent de Charles II, le chevalier Temple[1], vint trouver l'évêque à Coësfeldt dans le plus grand mystère, et qu'un traité secret fut élaboré « en trois nuits ». L'Angleterre donna des subsides[2]; Galen promit 18 000 hommes, qu'il mettrait en

1. Diplomate et homme de confiance de lord Clarendon (1628-1698).
2. Galen reçut 500 000 rixdalers, plus 50 000 par mois. (Traité du 13 juin 1665.)

campagne sur le premier signal. Il s'engagea, selon sa formule favorite, *fide sincerâ et germanicâ* et, cette fois, fut exact à tenir sa parole. Même il mit tant d'ardeur à ses préparatifs que les États inquiets en référèrent au roi de France, qui leur conseilla la patience : le meilleur, leur dit-il, serait « de voir à qui en voulait » leur voisin, et de « le laisser commencer[1] ». Les États suivirent cet avis, et n'eurent pas, à vrai dire, sujet de s'en féliciter.

On vit, un matin de septembre, déboucher à La Haye un trompette de Munster, porteur d'une lettre de l'évêque. Rien de plus déloyal que cet *ultimatum*. De vieux griefs ressuscités s'y mêlent aux calomnies les plus invraisemblables. La haine et la cupidité s'y parent avec cynisme du masque de la religion. Le massacreur de prêtres, le destructeur de cloîtres, se pose en champion de la Foi, en vengeur de l'Église, en protecteur des catholiques, « insultés, déchirés, foulés aux pieds et torturés par la barbarie hollandaise! » Pour ces forfaits inouïs, Galen exige sur l'heure des satisfactions écla-

1. *Annales des Provinces-Unies.*

tantes, « faute de quoi il va mettre son armée en campagne, dans l'espérance que le Ciel, qui aime les justes, sera de son côté ». Les États stupéfaits méditaient encore leur réponse, que les troupes de Munster avaient déjà passé l'Yssel et commencé leurs ravages ordinaires. Dix-huit mille hommes, plus brigands que soldats, se répandaient comme un torrent dans les provinces de Drenthe, de Gueldre et de l'Over-Yssel, dévastant les campagnes et saccageant les villes, faisant « main-basse tant sur la bourgeoisie que sur les garnisons[1] ». Ces excès, disons-le, n'étaient pas sans excuse ; ne recevant « ni paye ni prêt », les soudards de Galen étaient pour ainsi dire « forcés de vivre de rapines ». Partout, derrière leurs pas, on ne rencontrait plus que « des masures en ruines, des déserts ensanglantés, une désolation extrême ».

L'évêque donnait l'exemple. Dès qu'il faisait son entrée dans une place, casque en tête et l'épée au poing, il contraignait les habitants à « le reconnaître pour leur prince », après quoi il les soulageait, à titre de contribution, « des

---

1. Lettre du comte d'Estrades, du 1ᵉʳ octobre 1665.

deux tiers de leurs biens ». La résistance qu'il rencontrait était à peu près nulle. Les forces vives de la Hollande se concentraient pour repousser les assauts de la flotte anglaise; et les villes des provinces-frontières n'avaient pour garnison que quelques poignées d'hommes, mal armés et mal commandés. Aussi, malgré certains échecs — comme au cloître d'Appel où 1 200 Hollandais firent 1 000 Munstériens prisonniers, — Galen se vit-il bientôt maître d'un vaste territoire. Il s'établit sur les rives de l'Yssel, menaçant au printemps prochain de porter ses quartiers sous les murs de Groningue, une des plus florissantes parmi les grandes villes de Hollande.

C'est à ce point de son triomphe que l'évêque trouva sur sa route une barrière qu'il n'attendait pas, et dont l'apparition changea la face des choses. Les États-Généraux, dès les premières hostilités, avaient fait appel à la France, et réclamé son aide contre leur agresseur. Le Roi s'était vu, de ce fait, dans une passe assez délicate[1]. Le souverain de Munster, adhérent

---

1. *Mémoires* de Pomponne; *Annales des Provinces-Unies.* — " Mon cousin, avait écrit Louis XIV à Galen le 8 août 1665,

de la ligue du Rhin, était considéré comme allié de la France; d'autre part, le traité de 1662, conclu avec les États de Hollande, traité d'alliance défensive et de mutuelle garantie, obligeait Louis XIV, en cas d'attaque contre la République, à mettre 6 000 hommes à sa disposition. En face de ce dilemme, le Roi hésita quelque temps. La conduite barbare de Galen, les instances des États, — et sans doute aussi le désir de contrecarrer l'Angleterre — firent pencher la balance en faveur des Provinces-Unies. Un corps français se rassembla, au début de novembre, sur les bords de la Meuse, prêt à marcher contre les Munstériens. Il comprenait 2 000 chevaux et 4 000 hommes d'infanterie, troupes prises pour la plupart parmi les corps d'élite, chevau-légers Dauphin, gardes du corps, et mousquetaires du Roi. Un lieute-

les bruits qui courent dans le monde que vous faites depuis quelque temps un armement extraordinaire, à dessein d'attaquer les États-Généraux des Pays-Bas, m'obligent à envoyer vers vous le sieur de Lessein, conseiller en mon conseil d'État, pour m'éclaircir par son moyen de vos intentions et, s'il en est besoin, vous faire savoir les miennes... Je désire, conclut le Roi, que vous me donniez plutôt lieu de vous départir les effets de ma bienveillance que de me nécessiter à marcher dans un chemin bien différent. » (Arch. de la Guerre, tome 635.)

nant général de mérite éprouvé, le marquis de Pradel, commandait cette petite armée; il avait sous ses ordres le marquis de la Vallière, favori de Louvois et frère de la maîtresse du Roi. « Il y a peu d'apparence, écrit fièrement Louvois [1], que messieurs les États (*sic*) aient jamais vu dans leur pays d'aussi belles troupes et en si bon état! »

Les bons Hollandais en effet parurent d'abord émerveillés, et reprirent subitement courage. L'effet fut différent sur les sujets de Galen. Voyant déjà leur contrée envahie, ravagée par l'armée française, les États de Munster, en d'humbles « remontrances », conseillèrent à leur prince de renoncer à une lutte inégale, et de « faire la paix au plus vite ». Mais ils furent reçus de belle sorte! « Votre conseil — répondit à ses ouailles le terrible prélat — part d'un excès de lâcheté. Vous êtes si timides que vous avez peur de votre ombre! Mais, si c'est votre humeur, sachez que ce n'est pas la mienne, et que, quoi qu'il arrive, je ne veux point de paix qui soit à mon désa-

1. Lettre du 1er novembre 1665. Arch. de la Guerre.

vantage... » Tel est l'exorde du discours ; et la
péroraison n'est pas plus consolante : « En
revanche de votre conseil, je vous en donne un
autre, non moins salutaire. Si vous ne voulez
pas voir les ennemis chez vous, soyez les premiers à dévaster votre propre pays ; n'y laissez
rien qui soit utile à leur subsistance ; et vous
verrez que, s'ils y viennent, ils s'en retireront
bien vite[1]. » Rabroués avec cette superbe, les
délégués se gardèrent d'insister. « Chacun se
tint désormais sur ses gardes, prêt à fuir lorsqu'il s'y verrait obligé. »

Mais ce que les bourgeois n'avaient pu
obtenir, les reîtres de Galen ne tardèrent pas
à l'imposer. Aventuriers et mercenaires, braves
individuellement, mais habitués à guerroyer
sans direction ni discipline, les soldats munstériens, bien que très supérieurs en nombre,
ne tinrent pas un instant devant les régiments
français. Au premier engagement, ils se dis-
persèrent en tous sens comme une volée « d'oi-
seaux pillards[2] ». Quelques centaines seulement,
enfermés dans une forteresse, firent un sem-

1. *La vie et les faits*, etc.
2. C. Rousset, *Histoire de Louvois*.

blant de résistance; et quand, la place rendue, ils défilèrent devant le marquis de Pradel, ils parurent en si pauvre état, si déguenillés, si misérables, que le général du grand Roi se sentit « humilié d'avoir tiré l'épée contre de pareils adversaires [1] ». L'orgueil de Galen fut ébranlé par ces mésaventures; son ton se radoucit, devint plus pacifique. Il semble bien que, dès ce temps, il ait conçu l'idée de quitter la partie et de faire un pas vers la France.

L'approche de la saison d'hiver et l'entrée en quartiers ajournèrent cependant l'effet de ces dispositions. Pradel avec ses régiments campa sur les bords de l'Yssel. Avec cette période d'oisiveté s'ouvrit pour la Hollande l'ère des tribulations. Tous les documents de l'époque — qu'ils viennent de France ou d'ailleurs — s'accordent en effet sur la « méchante conduite » des troupes françaises envers leurs alliés et leurs hôtes. « Ils faisaient consister leur galanterie, écrit le chevalier Temple [2], à donner les Hollandais mille fois au diable, pour les remercier de les avoir invités à venir

1. C. Roussel, *Histoire de Louvois.*
2. 10 décembre 1665; *Annales des Provinces-Unies.*

3.

chez eux... Ils ne payaient rien, ou, s'ils payaient quelque chose, c'était en fausse monnaie; et ils recevaient le meilleur traitement que les Hollandais pussent leur faire avec mépris et insolence. » — « Quelque bien qu'on leur pût faire, dit un autre écrivain du temps, leur conduite obligea quantité de paysans à quitter leurs maisons; ils n'étaient guère moins à craindre que les ennemis eux-mêmes. » Dans la petite ville de Rées, le commandant français faisant porter le saint-sacrement à un malade, les soldats frappèrent cruellement les bourgeois protestants qui ne s'agenouillaient pas au passage du cortège, et Louvois dut intervenir pour blâmer cet excès de zèle, qui, « quoique très conforme, écrit-il [1], aux sentiments intimes de Sa Majesté, est tout à fait contraire à la manière dont Elle désire qu'on vive à l'égard d'un peuple jaloux de sa religion ».

La différence des croyances religieuses est en effet la première cause de ces tristes désordres, les soldats, dans leur naïveté, ne pouvant s'expliquer qu'ils vinssent, eux catho-

1. Lettre du 19 février 1665. Arch. de la Guerre.

liques, au secours d'un peuple hérétique contre
les armes d'un évêque. Aussi leur sympathie
allait à leurs alliés beaucoup moins qu'à leurs
adversaires; on les vit plus d'une fois boire
publiquement dans les rues « à la santé de
M. de Munster[1] ». Par réciprocité, les soldats
de Galen — mercenaires d'origine diverse, peu
payés, mal nourris et traités durement par
surcroît — ne cachaient point leur goût pour
le service de France. Des compagnies entières
passaient ainsi d'un camp dans l'autre; et
Louis XIV écrivait à d'Estrades pour le presser
d'appuyer ce mouvement qui, lui dit-il, a le
double avantage « de diminuer les forces de
l'ennemi et d'augmenter les miennes ». Le
nombre des transfuges — excités par les
« billets » qu'on jetait dans leurs camps —
devint promptement si grand que le Roi s'occupait déjà d'en constituer « un corps spécial[2] »,
quand on apprit au mois d'avril que, découragé
de la lutte et de plus effrayé par l'intervention
menaçante de l'électeur de Brandebourg,
l'évêque se résignait à négocier avec les

1. Lettre du chevalier Temple, *loc. cit.*
2. *Annales des Provinces-Unies.*

États-Généraux. Le 18 du même mois, le traité de paix fut signé, traité peu glorieux pour Galen, qui restituait toutes ses conquêtes et s'engageait à licencier ses troupes, sauf trois mille hommes reconnus nécessaires pour la sûreté de ses États[1]. Quelques semaines plus tard, le corps de M. de Pradel, sa tâche achevée, repassait la frontière. Chacun regagna ses foyers, Français et Hollandais fort peu contents les uns des autres, les troupes du Roi, en revanche, et celles de l'évêque de Munster, avec la mine de gens qui, malgré l'apparence, se sentent secrètement du même bord, et dont les maîtres respectifs ne sont pas bien loin de s'entendre.

1. Traité du 18 avril 1666.

Malgré leur piètre résistance en face des
régiments français, le prompt succès des Munstériens quand ils n'avaient affaire qu'aux forces
de Hollande avait fait impression parmi les
cours d'Europe. Le nom de Galen était sur
toutes les lèvres; son ardeur, son audace, lui
tenaient lieu dans l'opinion de talents militaires; peu s'en fallait qu'il ne passât pour l'un
des bons capitaines de son temps[1]. En France
plus que partout ailleurs, cette légende était
établie : sans le veto du Roi, disait-on couram-
ment, le chétif État de Munster mettait à bas
son orgueilleux voisin, et la Hollande était
perdue. Louis XIV, pour sa part, semble n'en
avoir pas douté. « Il suffit, écrit-il dans un

1. Désormeaux, *Histoire de la maison de Montmorency.*

mémoire confidentiel [1], d'alléguer la dernière
guerre que l'évêque de Munster, sans aucun
subside ni secours étranger, a faite en dernier lieu à cette république, qui était à deux
doigts de sa perte sans les troupes auxiliaires
que je lui envoyai. » De cette époque date,
dans l'esprit du Roi, le dessein arrêté de mettre
cette force à profit et de faire entrer Galen
dans le mouvement patiemment préparé contre
la puissance hollandaise.

Une lettre de la main royale, retrouvée aux
archives du ministère de la Guerre, fait allusion,
à mots couverts, aux pourparlers dès ce moment
en train, et témoigne du savoir-faire que le
puissant souverain montrait à l'occasion, pour
chatouiller l'orgueil des gens qu'il prétendait
gagner à sa cause : « Mon cousin, — écrit, le
10 novembre 1666, Louis XIV à l'évêque de
Munster [2] — envoyant le sieur Millet, maréchal
de mes camps, dans le duché de Bremen pour
le sujet que je l'ai chargé de vous dire, je me
sers de ce prétexte public pour vous pouvoir
faire parler plus secrètement d'une autre affaire

1. Arch. de la Guerre, t. 635.
2. *Ibid.*, n° 1112.

qui ne vous est pas inconnue. Vous pouvez
donc donner la même foi et créance audit
Millet que vous donneriez à moi-même en tout
ce qu'il vous dira, tant sur la même affaire que
sur les bons sentiments que j'ai pour tout ce
qui vous regarde; étant certain qu'il ne se peut
rien ajouter à la parfaite bienveillance que j'ai
pour vous et à la singulière estime que je fais
de votre personne, pour les grandes qualités
que je sais que vous possédez, et dont vous
avez déjà donné des preuves si éclatantes,
qu'elles m'inspirent une très forte passion de
vous donner lieu d'augmenter de plus en plus
votre gloire... »

Dès l'année suivante en effet, en mai 1667,
un premier traité se conclut. L'évêque renou-
velle pour trois ans son adhésion à la ligue du
Rhin, s'engage, en cas de guerre, à fermer ses
États au passage des troupes de l'Empire ainsi
qu'à leurs alliés [1]; en échange de quoi il reçoit
d'importants subsides de la France. La paix
rapide d'Aix-la-Chapelle [2] rend inutile un concours plus actif ; mais la partie n'est que

1. Ms. de l'Arsenal, 4893.
2. 2 mai 1668.

remise. Galen, secrètement stimulé, emploie cette période de répit à compléter ses forces militaires. Jamais il n'a fait preuve d'une plus furieuse activité. Jour et nuit ses agents sillonnent les routes d'Allemagne et parcourent les États voisins, embauchant des soldats, achetant des chevaux et des armes, engageant à prix d'or les officiers dont l'épée est à vendre. Munster en peu de temps devient le rendez-vous des coureurs d'aventures et des porte-rapières, de tous ceux qui cherchent fortune dans les hasards des champs de bataille. En cette cour ecclésiastique, « on tient conseil plus souvent que chapitre » ; on y trouve toujours table ouverte aux frais de l'évêché ; et c'est « entre deux vins » que, la plupart du temps, s'élaborent les plans de campagne[1]. Malgré les taxes, les impôts, les contributions incessantes arrachées par la violence aux États de la province, les revenus épiscopaux seraient loin de suffire à cette dépense énorme ; mais, par bonheur, la France est là, dont l'argent, comme un flot pressé, coule sans relâche à

---

1. C. Rousset, *Histoire de Louvois.*

travers les caisses toujours vides; et tout le pays de Munster, dit un contemporain, « hume l'odeur des trésors du Roi[1] ».

Galen, en ce labeur guerrier, s'est réservé une part spéciale et personnelle : tout ce qui touche à l'artillerie est de son domaine exclusif. Sa compétence en cette matière est universellement acquise; ses connaissances pyrotechniques éblouissent les gens de son temps; dans la science « de lancer des fusées et des bombes » il ne connaît point de rival. Non content d'appliquer, il perfectionne, invente, porte « à son dernier point », dit-on, l'art de « réduire les villes en cendres » et leurs habitants en poussière[2]. « C'est de lui, déclare le marquis de Pomponne, qu'est venue l'invention des *carcasses*[3], qui se sont rendues depuis si célèbres... Il est vrai de dire que, bien que les bombes fussent connues dès longtemps, le nom que les Espagnols leur avaient donné de *spaventa vellacos*, épouvantail des méchants,

---

1. *Annales des Provinces-Unies. — La vie et les faits mémorables...*

2. *Mémoires* du marquis de Pomponne.

3. On désignait de ce nom des projectiles incendiaires qu'on lançait avec un mortier.

faisait voir qu'elles étaient de peu d'effet. Mais,
au point que cet évêque les a portées, soit pour
l'adresse à les jeter et à les faire tomber précisément où l'on veut, soit pour les nouvelles
sortes de compositions qu'il a inventées, elles
sont devenues le plus infaillible moyen de
réduire les places. On oppose des bastions au
canon ; mais l'on n'a pas trouvé de remède
jusqu'à cette heure contre ce qui tombe du
ciel. » Aussi le plus clair de son temps se pas-
sait-il en expériences de ces procédés terri-
fiants. Les champs, les terrains vagues qui
bordent les murs de Munster retentissent sans
cesse d'explosions, de détonations effroyables.
Dans « l'ouragan de feu » déchaîné par ses
mains, impassible au milieu du vacarme et
de la fumée, Galen respire à l'aise, et se sent,
comme il dit, « dans son véritable élément ».
Et les populations tremblantes, contemplant de
loin leur évêque, croient voir en lui le dieu
terrible de la guerre, l'ange cruel de la destruction.

La crainte et l'inquiétude engendrant la
superstition, dans tout phénomène naturel,
dans chaque accident imprévu, les sujets de

Galen découvrent à présent un funeste présage et l'annonce d'une calamité. Un orage ayant éclaté, brusquement et sans avant-coureurs, dans la splendeur sereine d'une belle journée d'été, on crut entendre dans les airs un fracas de bataille, « les coups de canon et de mousquet, le cliquetis des armes, les fanfares des trompettes, le son des tambours, le gémissement des blessés ». Nombre de « personnes respectables » de Munster et des villes voisines affirmèrent avoir ouï ce prodige effrayant[1]. La foudre un peu plus tard tomba sur le clocher d'un monastère, « sans que le tonnerre se fût fait entendre », et fut la cause d'un incendie qui détruisit un quartier de la ville : le peuple en conclut aussitôt qu'une guerre prochaine et désastreuse amènerait la ruine de Munster; tandis que les gens plus lettrés, invoquant des souvenirs classiques, murmuraient tout bas que l'évêque « ressemblait à Néron », qui incendia sa capitale, et qu'il « ferait comme lui périr sa propre mère, c'est-à-dire l'Église de Rome ». Bref on vivait

---

1. *La vie et les faits...*

dans l'épouvante, et dans l'attente des catastrophes.

La frayeur n'était guère moins vive hors des frontières de l'évêché. Les armements et les levées du turbulent prélat étaient dans toute la Germanie un sujet continuel de trouble et de malaise; chacun se demandait sur qui fondrait l'orage. Les marches militaires qu'il dirigeait lui-même pour exercer ses troupes étaient, chez les plus proches voisins, la cause d'alertes incessantes. Tantôt le bruit courait qu'il avait envahi la Gueldre, « où tout succombait à sa rage », tantôt qu'il était sur l'Yssel avec ses régiments de pillards et de maraudeurs. « On le voyait partout, sauf à Munster où il était encore. » Sur une fausse nouvelle de ce genre, les habitants d'Arnheim s'enfuirent un jour jusqu'à Doesburg; il ne fut pas facile de les ramener dans leurs foyers. Les États même moins limitrophes n'étaient pas exempts d'anxiété. « L'évêque de Munster fait une furieuse armée — mande avec alarme à son frère, le palatin du Rhin, la duchesse Sophie de Hanovre[1]. —

----

1. *Correspondance* avec le palatin du Rhin.

Il devient fort comme un démon ! » Et des légendes circulent sur cette armée épiscopale : « On dit, écrit la même correspondante, qu'il a un régiment de prêtres bien montés et bien armés, qui ne font rien que d'attendre, lorsque l'ennemi est battu, l'occasion de piller et de prendre tout ce qu'ils peuvent attraper. »

Malgré leur flegme proverbial, ceux contre qui, dans la réalité, s'effectuaient ces préparatifs, les États de Hollande, ne purent faire autrement que de s'émouvoir à leur tour. Une première fois, en avril 1671, ils députèrent dans la ville de Munster un de leurs meilleurs diplomates, le sieur d'Amérong, chargé de s'enquérir des desseins de l'évêque, et de le gagner au besoin par quelques concessions. Si pénétrant qu'il fût, l'envoyé des États eut affaire à plus fin que lui. Galen le « couvrit d'honnêtetés », lui démontra clairement que, s'il levait des troupes, c'était pour faire comme ses voisins et se garer de leurs attaques, protestant au surplus qu'il n'avait nulle idée d'épouser la cause du roi de France, qu'il avait « le cœur trop allemand » pour suivre un autre but que l'intérêt de la patrie commune, et qu'il était prêt à conclure un traité d'alliance défensive avec les États-Généraux. Enfin il s'y prit de telle sorte que le sieur d'Amérong, « ébloui » par ces assurances, fit tenir aux États « un rapport très avantageux », où il se portait fort des bonnes intentions de l'évêque, qu'il dépeignait d'ailleurs comme « un homme de beaucoup d'esprit, affable, et dont la personne imposait dès la première conversation[1] ». Trois mois à peine après cette entrevue, le souverain de Munster signait avec la France un second traité clandestin[2], promettant sa neutralité dans la guerre que le Roi méditait contre la Hollande, moyennant un subside de « dix mille écus par mois ». Nous le verrons pourtant encore, pendant une année presque entière, donner le change à ses voisins candides sur ses résolutions réelles, entretenir habilement jusqu'à la dernière heure des illusions que devait suivre un désagréable réveil.

C'est vers la fin de l'an 1671, que Louis XIV, ses apprêts terminés, jugea l'instant venu

1. Lettre de M. d'Amérong des 7 et 14 avril 1671. *Annales des Provinces-Unies. — La vie et les faits*, etc.
2. Juillet 1671. Mss de l'Arsenal, 4893.

d'arrêter un plan de campagne et de préciser les services qu'il attendait de ses futurs alliés. Louvois, dans les derniers jours de décembre, prit en secret la route de l'électorat de Cologne, où il assignait rendez-vous aux deux principaux auxiliaires sur lesquels il comptait pour seconder l'action militaire de la France[1]. L'un était l'évêque de Munster; l'autre l'archevêque de Cologne, qu'assistait l'évêque de Strasbourg : ces deux derniers personnages sont, pendant la période qui suit, si étroitement unis à la fortune de Galen, que je ne puis me dispenser de les présenter au lecteur.

Maximilien-Henry de Bavière, archevêque-électeur de Cologne depuis bientôt vingt ans, était un prince faible, indolent, d'intelligence médiocre, de caractère léger, sans cesse en quête d'argent, qu'il employait à ses plaisirs plus qu'au bien de ses peuples. « Il ne s'occupait que de chimie », écrit le marquis de Pomponne, et se croyait un grand savant. Enfermé tout le jour avec ses cornues et ses drogues, il

---

1. Pour plus de détails sur les négociations qui suivent et les débuts de la campagne de 1672, je renvoie le lecteur à mon livre : *Le maréchal de Luxembourg et le prince d'Orange*, pp. 18 à 54.

négligeait la politique, et se reposait de ce
soin sur l'évêque de Strasbourg, Egon de
Fürstenberg, son ministre et son suffragant,
qui « le dominait entièrement » et gouvernait
l'électorat. Assez piètre figure encore que celle
de ce prélat, au témoignage de ceux qui l'ont
approché de plus près. « Tout ce que vous
pouvez imaginer de plus ignorant, confie Louvois à Le Tellier[1], ne l'est pas tant que M. de
Strasbourg. Si vous ajoutez à cela une irréso-
lution continuelle et une avarice sordide, je
suis assuré que vous plaindrez ceux qui ont
à traiter avec lui[2]! » Même note, un mois
plus tard, dans les lettres de Luxembourg :
« A chaque dépense nouvelle, écrit-il de sa
plume caustique[3], M. de Strasbourg fait des
prières pour la paix, aussi bien qu'après avoir
bu, des vœux pour la guerre. »

De longue date acquis à la France et subven-
tionné par le Roi, Egon de Fürstenberg avait,
ces derniers temps, jeté son maître, Maximilien

1. Lettre du 4 janvier 1672. Arch. de la Guerre.
2. « M. de Strasbourg, écrit un peu plus tard le duc de
Duras à Louvois, m'écrit tous les jours des choses fort
inutiles; je ne puis lui refuser des réponses pleines de gali-
matias... » (Lettre du 29 sept. 1672. Arch. de la Guerre.)
3. Lettre du 31 janvier 1672. Arch. de la Guerre.

de Bavière, dans la coalition nouée contre les Provinces-Unies. Une deuxième influence, non moins puissante sur l'Électeur, avait également contribué à l'entraîner dans cette voie politique. Le frère de l'évêque de Strasbourg, de caractère plus estimable et d'esprit plus ouvert que lui, Guillaume de Fürstenberg, tout Français de cœur et de goûts, était dans la réalité l'agent secret de Louis XIV auprès des petits princes allemands, le renseignait sous main sur leurs dispositions, leurs ressources, leurs côtés faibles, faisait luire à leurs yeux l'avantage d'une alliance avec « le plus puissant monarque de l'Europe », enfin se conduisait en tout « comme un bon serviteur du Roi [1] ». L'Électeur, entre ces deux hommes, incapable de résister à leurs sollicitations pressantes, se soustrayait de plus en plus à l'autorité de l'Empereur, pour se prêter aux vues ambitieuses de la France. Tels étaient les étranges et peu sûrs auxiliaires que Louvois mandait à Cologne, et qu'il s'agissait d'engager dans une action commune avec les armes du Grand Roi.

1. Louvois au Roi, 1er janvier 1672. Arch. de la Guerre, t. 272.

4

Le terrain étant, comme on sait, soigneusement déblayé d'avance, Louvois, en homme expéditif, espérait terminer cette affaire en deux jours. Mais il fallut compter avec la lenteur germanique, les irrésolutions de l'évêque de Strasbourg et la méfiance cauteleuse de l'évêque de Munster; ce fut la première déception d'une alliance qui, du reste, en réservait bien d'autres. Les pourparlers eurent lieu à Bruhl, petite ville située à trois lieues de Cologne. En débarquant, le 31 décembre, le premier que Louvois y vit fut M. de Strasbourg. Il eut le matin même un entretien de trois heures avec lui, sans en tirer une parole un peu claire, excepté « qu'il ne savait pas où il prendrait le premier homme » des 8 000 qu'il devait fournir, ni « le premier sol » des dépenses nécessaires pour faire cette levée. L'après-dînée, c'est au tour de Galen ; le succès n'est pas plus brillant : « Je fus quatre heures avec lui, écrit Louvois au Roi[1], sans pouvoir réussir à autre chose qu'à le faire convenir que nous parlerions affaires aujourd'hui. » Un point toutefois

---

1. Lettre du 1er janvier 1672. Arch. de la Guerre.

paraît acquis : c'est que M. de Munster, tout en se disant prêt à contracter une alliance offensive, « persiste à ne vouloir rien signer, et à exiger que l'on se contente de sa parole », alléguant pour raison le serment solennel qu'il a fait devant son chapitre de ne conclure aucune alliance avec un souverain étranger.

Le lendemain, seconde conférence. « M. de Munster, écrit Louvois, est arrivé sur le midi; après un dîner fort sobre et fort court pour le pays où nous sommes, je l'ai enfermé dans ma chambre... et pendant une conférence de cinq heures, nous avons mis par écrit tous les articles du traité offensif. Nous sommes convenus que demain soir, ou après-demain au plus tard, l'on signerait tout de part et d'autre. » Mais, au jour dit, nouvelle mésaventure : impossible, au dernier moment, de « parachever l'affaire ». Les trois prélats, pour célébrer l'alliance, ont résolu de « faire la débauche »; c'est une journée entière de liesse et de festin, de « santés », de larges rasades, au sortir de quoi les convives se sentent « hors d'état de rien faire ». M. de Cologne cependant « n'a guère accoutumé de boire »; mais « M. de Strasbourg s'en acquitte pour deux[1] », et M. de Munster ne lui cède en rien sur ce point. Enfin quarante-huit heures plus tard, dans la petite ville d'Ottendorff, Louvois obtient les signatures et s'en va, son traité en poche. Mais un seul nom, celui de l'Électeur, figure au bas du document. Galen s'est seulement obligé « à signer, à la fin du mois, le même traité qu'a fait l'électeur de Cologne[2] ». C'est le biais ingénieux qu'il a trouvé pour « s'engager avec Sa Majesté », tout en pouvant, de retour à Munster, « jurer à son chapitre qu'il n'a rien signé avec Elle ». Cette restriction rassure sa conscience délicate.

Ce « *traité de ligue offensive* » — comme s'intitule l'acte officiel — a pour but essentiel « d'abattre l'orgueil et la conduite insupportables que les États des Provinces-Unies tiennent envers tous les potentats et princes de la chrétienté, et surtout envers leurs voisins[3] ». Les deux princes-évêques sont tenus de fournir pour cette guerre un corps de 18 000 hommes, ainsi que certaines quantités de vivres et de

1. *Lettres* de Pellisson.
2. Louvois au Roi, 10 janvier 1672. Arch. de la Guerre.
3. Arch. de la Guerre. Le traité, bien que signé le 4, porte la date du 2 janvier 1672.

munitions. Louis XIV, en retour, doit joindre à l'armée des prélats 2 000 hommes à cheval et 4 000 hommes d'infanterie, qui feront campagne avec eux. Il leur promet de plus d'importants subsides en argent, sans compter, selon l'occurrence, « certains agrandissements de territoire aux dépens de la Hollande[1] ». La lettre où Louvois analyse les conventions ainsi réglées se termine par cette phrase : « Il est absolument nécessaire que le général que Votre Majesté aura choisi se rende immédiatement près d'eux, pour réveiller leur lenteur et éclaircir leur ignorance. » L'homme de confiance désigné par le Roi pour cette besogne délicate fut le duc de Luxembourg[2], récemment rentré au

1. C. Rousset, *Histoire de Louvois*.

2. François de Montmorency-Boutteville, duc de Luxembourg, né en 1628, maréchal de France en 1675, mort en 1695. Une lettre de Chamilly au prince de Condé donne quelques détails sur cette désignation. « Le Roi, dit-il, donna aux évêques à choisir entre les maréchaux de Créqui et de Bellefonds et les ducs de Duras et de Luxembourg. » Les évêques représentent que la qualité de maréchal des deux premiers et de duc et pair des deux autres « serait embarrassante, parce qu'ils prétendraient commander, et que M. de Munster voulait être présent et commander à tout ce qui se ferait », et ils demandent le comte de Chamilly. « Que diable avez-vous fait à ces évêques pour vous aimer tant? » demande Louvois à Chamilly, et nonobstant toutes les instances il propose au Roi Luxembourg. (Lettre du 12 janvier 1672. Arch. de Chantilly.)

4.

service avec le grade de lieutenant général. Ses
lettres, conservées aux archives de la Guerre,
nous font connaître, avec une verve humoris-
tique, tous les détails de sa mission.

VI

Luxembourg arrive à Cologne dans les derniers jours de janvier. Il paraît, comme Louvois, s'être fait illusion d'avance sur la facilité de sa tâche : « M. le marquis de Louvois, écrit-il de Bonn à Colbert[1], a fait ici les choses les plus importantes, de sorte que je n'ai à agir que pour celles qui en dépendent... Je partirai aujourd'hui ou demain pour ajuster avec M. de Munster ce qui regarde l'artillerie, et après je demeurerai *valet à louer* jusqu'à l'entrée en campagne. » Comme Louvois également, tout le long du chemin il s'entoure de mystère : « J'ai répandu le bruit que j'allais voir ma sœur[2] en Mecklembourg, si je ne rece-

1. Lettre de janvier 1672. Mss Bibl. nat. Mélanges Colbert.
2. Isabelle de Montmorency-Boutteville, d'abord duchesse de Châtillon, puis remariée au duc de Mecklembourg-Schwerin.

vais de ses nouvelles qui m'apprissent qu'elle revenait en France, auquel cas je n'irais qu'au-devant d'elle — ce que j'ai insinué pour avoir un prétexte d'aller et de venir sans en devoir dire une raison nouvelle. Celle-là a paru véritable, et tous ceux que j'ai vus en ont tâté. »

Le premier écueil qu'il rencontre, aussitôt débarqué, est la jalousie réciproque de l'évêque de Munster et de l'électeur de Cologne, chacun d'eux voulant être seul à jouir de la faveur du Roi et regardant comme une injure toute avance faite à son rival. Le hasard veut que Luxembourg voie d'abord l'évêque de Munster; aussi l'électeur le lendemain lui fait « une mine très froide », et s'informe avec amertume si « ses instructions lui prescrivent d'avoir un attachement plus fort pour M. de Munster que pour lui[1] ». Il faut, « pour l'adoucir », que Luxembourg, avec un heureux à-propos, en remettant à ce prince susceptible une lettre de la main du Roi, lui en fasse voir une toute semblable destinée à l'évêque de Munster, et l'assure en termes exprès « qu'il ne l'avait

1. Luxembourg à Louvois, 31 janvier 1672. Arch. de la Guerre.

point donnée, parce que sa première obligation était de lui remettre la sienne, avant que de faire aucune démarche. — A quelque chose malheur est bon, ajoute ironiquement le négociateur; car vous savez, monsieur, que je ne donnai point cette lettre, parce que mes valets, qui avaient la cassette où je l'avais mise, ne me purent joindre; et cela fit des merveilles auprès de M. de Cologne! » Ce dernier, en effet, se montra si flatté de cette marque de déférence, « qu'il ne savait plus quelle chère me faire, et il poussa la courtoisie jusqu'à venir me reconduire, en passant la porte après moi ».

Au reste — à l'exception des questions d'étiquette — l'archevêque de Cologne prétend ne se mêler de rien. « Il me remit à M. de Strasbourg pour parler des préparatifs nécessaires pour la guerre. » C'est donc à ce dernier que s'adresse l'envoyé du Roi, et de cet entretien il trace dans sa correspondance une malicieuse esquisse : « Les choses avec lui paraissent d'abord faciles; mais, dès qu'il les a approfondies et qu'il voit ce qu'elles coûtent, on est bien loin de compte, et il en faut essuyer une quan-

tité d'inutiles, avant que de venir à celles qu'il
faut résoudre ; car il n'y en a point qui ne lui
plaise, dès qu'on lui en parle, et qui ne lui
fasse de la peine, quand il en considère la
dépense. Enfin, quand on l'a laissé parler sur
d'autres chapitres, il en revient au fait, et il
arrête ce que l'on veut, sans savoir ce qu'il
signe. » D'ailleurs, avec sa finesse ordinaire,
Luxembourg a vite reconnu que, dans la pièce
en jeu, l'archevêque de Cologne et l'évêque
de Strasbourg ne sont, en fait, que des com-
parses. Les talents militaires attribués à Galen
font que ses deux confrères, malgré leur
jalousie, se déchargent sur lui de tout ce qui
touche à la guerre. Aussi bien n'admettrait-il
pas qu'il en fût autrement. C'est donc avec cet
allié mal commode qu'il faut discuter et s'entendre, et la patience du général français est
soumise à une rude épreuve.

Non qu'il s'agît — comme le croyait Louvois — de réveiller cette fois « la lenteur »
germanique : c'est « le diable » au contraire,
affirme Luxembourg, de contenir l'ardeur de
l'évêque, de refréner sa fougue irréfléchie. L'armée du Roi n'étant pas prête à entrer sur

l'heure en campagne, il prétend à toute force,
en attendant la grande partie, réaliser lui seul
« quelque entreprise particulière », c'est-à-dire
piller pour son compte la frontière des pays
voisins. Prières, objurgations, menaces, il faut
tout employer pour le retenir dans cette voie,
qui deviendrait vite hasardeuse, « les Hollandais faisant état d'avoir 40 000 hommes en
campagne, qui pourraient bien être assez hardis
pour vouloir donner une bataille contre les
18 000 de M. de Munster! » C'est Louvois qui
s'exprime ainsi et qui, mis au courant, fait
chorus avec Luxembourg. « Quand on fait,
ajoute-t-il sèchement, une armée aux dépens
du Roi, il est juste de s'entendre avec Sa
Majesté, sans s'imaginer que l'on est plus fin
qu'Elle. » Le Roi d'ailleurs « souhaite de
bonne foi que mon dit sieur de Munster fasse
des miracles avec son armée et celle de M. de
Cologne, mais il ne lui enverra pas les 2 000 chevaux ni les 4 000 hommes de pied, pour les
exposer à être sûrement battus! » Que le prélat
patiente jusqu'à la mi-juillet : « Quand une
fois les armées du Roi seront sur les bords
de l'Yssel, il pourra entreprendre tout impu-

nément; et la terreur aura tellement troublé l'esprit des gens auxquels il aura affaire », qu'il aura loisir, sans nul risque, « de s'en aller en maraude et de se donner tout entier à tirer de l'argent [1] ».

Ces bonnes paroles et ces consolantes perspectives produisent quelque effet sur Galen. Il est, dit-il, résigné à attendre. L'électeur de Cologne et l'évêque de Strasbourg sont d'accord avec lui. Tous trois maintenant prodiguent à Luxembourg leur confiance et leur sympathie, l'honorent même « du doux nom de frère », et lui confèrent, avec la permission du Roi, le titre de feld-maréchal, le commandement en chef de toute l'armée alliée [2]. Les derniers jours de mars, l'esprit désormais plus tranquille, Luxembourg se rend à Dorsten auprès de l'évêque de Munster, pour régler avec lui certains points de détail. Rendez-vous fut convenu pour le 31 mars, dans une maison près de Dorsten, qui appartenait à l'évêque. Le duc se mit la veille en route, accompagné de M. de Strasbourg, ainsi que de

1. Lettres des 7 et 17 mars 1672. Arch. de la Guerre.
2. *Histoire de la maison de Montmorency*, par Désormeaux. — Lettre de Louvois du 24 mars 1672. Arch. de la Guerre.

Verjus, notre résident à Cologne, dont la longue
expérience des hommes et des choses du pays
devait être d'un grand secours en ces circonstances délicates. Malgré certaines « chicanes »
et « doléances » récentes de l'évêque de Munster,
Luxembourg croyait bien, d'après ses assurances, le trouver tout au moins « en bonne disposition pour le gros des affaires ». Quelles ne
sont pas sa surprise et sa désillusion de constater que tout est à refaire et qu'il n'a rien
gagné sur l'obstiné prélat! « J'en reviens cette
fois si rebuté, s'écrie-t-il, que j'aimerais mieux
être aide de camp du plus nouvel officier
général de France, que d'essuyer tout ce qu'il
faut que j'essuie!... L'évêque, continue-t-il,
s'est mis en tête de fortifier un village qu'il a
dans le pays de Brunswick, soutenant que cela
fera une diversion. Il a parlé là-dessus une
journée entière sans vouloir écouter personne.
Enfin, malgré qu'il en eût, je lui ai soutenu
que cela nous attirerait toute l'Allemagne sur
les bras; et, après une autre demi-journée à
ne parler que là-dessus, il s'est désisté de son
opinion. » Le lendemain, fantaisie nouvelle :
« Ce n'est que de prendre Amsterdam; et il

traite cela comme une chose si faisable, qu'il m'a juré qu'il ne dirait pas, pour cent mille écus, à M. de Louvois le moyen qu'il en a. Il a mille desseins de cette sorte [1] ! »

Ces folles divagations redoublent à chaque conférence. La résistance qu'on lui oppose fait perdre l'esprit au despote, le jette en des rages effroyables, auxquelles succèdent un abattement, des lamentations ridicules. « Il m'a paru dans des agitations si violentes qu'elles visaient à l'égarement... Il m'a dit qu'au dedans et au dehors il souffrait mille persécutions fâcheuses, que la plupart des princes étrangers ne lui parlent que de la ruine de son pays, que son chapitre fait le diable contre lui, que tout est révolté, jusqu'à ses propres frères [2]. » Et ce sont de plus belle des projets chimériques, d'extravagantes propositions, dont Luxembourg, blasé sur ces sottises, prend sagement le parti de faire des gorges chaudes : « Il me dit qu'il avait avis que les ennemis nous défendraient le passage de l'Yssel

1. Luxembourg à Louvois, 3 avril 1672. Arch. de la Guerre.

2. Luxembourg à Louvois, 12 avril 1672. Arch. de la Guerre.

avec 200 000 hommes, et si je ne voulais pas les
aller attaquer. Sur quoi, lui ayant dit qu'il ne
devait pas douter de mon envie pour les battre,
il me prit au mot en s'écriant : « Eh bien!
» allons tout droit rompre l'ennemi, et le pous-
» sons, où qu'il soit, où qu'il aille! » Ce sont
ses propres termes. A cette invite inattendue,
Luxembourg se contente froidement d'opposer
« deux difficultés » : « la première, avec
combien de troupes il pensait que nous puissions forcer un passage sur l'Yssel, gardé par
200 000 hommes? Il me répondit : — Avec
300 000!... Sur quoi je tombai d'accord que, les
ayant, je ne ferais point de difficulté de l'entreprendre, et cela fondé sur ce que, avec
300 000 hommes, on peut faire beaucoup de
choses[1]. » Quant à la seconde objection : « comment il s'y prendra pour nourrir tout ce
monde? » l'évêque prie instamment « que l'on
ne s'en mette point en peine »; ses troupes

1. « Voici le diable sur les 300 000 hommes, raille encore
Luxembourg, car, en lui demandant d'où nous les aurions,
voici le calcul qu'il me fit : 7 000 hommes de pied qu'il
doit fournir, avec 3 000 chevaux et 400 dragons de l'Électeur; 2 000 chevaux du Roi et 4 000 fantassins; ajoutant que,
pour le surplus, il fournirait ce qui était destiné pour
garder son pays, soit 10 000 chevaux et 2 000 fantassins,
c'est-à-dire un total de 28 400 hommes. »

seront toujours contentes, pourvu qu'elles aient assez de *pompernickel*, « dont il se charge de ne les point laisser manquer ». — « Je lui laissai faire son petit projet, conclut le duc avec philosophie, sans m'y opposer, pour ne le point aigrir, et parce que je jugeai bien que cela n'arriverait que trop tôt. Et nous vînmes à un lieu où nous devions faire l'expérience de ses boulets creux, de ses bombes et de ses grosses grenades, ce qui est pour lui une occupation si agréable, qu'il ne songea plus à autre chose. »

Luxembourg pourtant, le lendemain, profitant d'un instant de calme, « coule doucement » à l'évêque que le Roi interdit de façon absolue toute attaque et toute entreprise jusqu'au jour où l'armée française sera « à portée de le soutenir ». Rien n'égale, à ces mots, le « chagrin » de Galen. Il est prêt, s'exclame-t-il, à quitter la partie, à se retirer dans sa ville « pour y dire son bréviaire », plutôt que « se voir exposé, en ne faisant rien, à perdre la réputation qu'il s'est acquise ». Le tout, dit Luxembourg, « accompagné de larmes, et d'un air qui me toucha de compassion pour lui ». Ce grand désespoir, il est vrai, aboutit un moment après à d'instantes demandes de subsides, mais la scène est si bien conduite que Luxembourg — d'ordinaire peu sensible — se laisse prendre à cette comédie et paraît tout apitoyé. Aussi conseille-t-il à Louvois de « faire quelque petite chose pour le soulagement de ce pauvre homme, qui a mis tout ce qu'il avait d'argent à faire des levées, en sorte qu'il lui en reste peu... Croyez-moi, conclut-il, faisons-le entrer en campagne sans lui donner de chagrin, et quand on sera une fois en besogne, les choses iront le mieux du monde. Mais il ne faut pas le rebuter, pour les bien enfourner ».

Louvois, au reçu de ces lettres, prit les incartades du « pauvre homme » moins doucement que son mandataire. « L'extravagance de M. de Munster, réplique-t-il d'un ton irrité, met le Roi hors de toute mesure. » Il faut « prendre un parti » et déclarer net à Galen qu'il n'aura ni troupes ni argent qu'il n'ait exécuté les termes du contrat et ne se soit soumis aux ordres de Sa Majesté. « Vous savez bien, ajoute Louvois, vous qui étiez présent à Ottendorff, que M. de Munster n'y a pas été surpris, et que les choses y ont été assez débattues pour que sa *bonne foi allemande* ne lui ait rien fait faire dont il n'ait eu bonne connaissance[1]. » Au reste, et pour plus de sûreté, le ministre, à quelques jours de là, se résout à faire en personne un nouveau tour vers la frontière du Rhin. « Sa Majesté, dit-il, me commande de me rendre à Nuits le 19 ou 20 de mai prochain... Si M. de Munster pouvait s'y trouver, ce serait une grande affaire. »

Un rendez-vous est pris avec Galen dans la ville de Keyserwerth : « J'espère, dit Luxembourg, que, quand vous le verrez, vous en viendrez à bout... Je vous dirai mon sentiment, par l'expérience que j'ai de ses humeurs, sur la manière dont il le faudra prendre. » La conférence eut lieu le jour fixé ; elle amena l'effet attendu : les efforts combinés du ministre et du général déterminèrent enfin, avec leurs tristes auxiliaires, l'adoption d'un plan de campagne en commun. Il était temps : depuis huit jours déjà, l'armée française était sur les rives de la Meuse, et ses corps avancés passaient victorieusement la frontière des Provinces-Unies.

1. Lettres à Luxembourg des 22 et 26 avril 1672. Arch. de la Guerre.

Alors seulement — si surprenant que cela semble — les États de Hollande perdirent sur le compte de Galen leurs illusions dernières. Les armements et les levées, les allées et venues et les conciliabules, tous ces préparatifs n'étaient soi-disant destinés qu'à soutenir l'archevêque de Cologne dans un différend qu'il avait avec sa capitale. Le prétexte était transparent; vaille que vaille, il suffit pourtant pour endormir des mois entiers ces confiants adversaires. Enfin, aux premiers jours de mai, les bruits qui couraient en Allemagne, les avertissements répétés du Grand Pensionnaire, Jean de Witt, secouèrent la torpeur des États. Ils députèrent à Munster un des leurs, le sieur de Houvelaer, « noble de l'Yssel », pour « sonder » à nouveau les desseins de l'évêque. Comme son prédécesseur, l'envoyé fut reçu de façon « fort honnête », engagé à souper, comblé de politesses; mais il s'aperçut vite que cet accueil flatteur celait une étroite surveillance, que ses « gardes d'honneur » ne le perdaient jamais de vue, « fût-ce dans sa propre chambre[1] ». Les rapports s'aigrirent rapide-

1. *Annales des Provinces-Unies.*

ment à la suite de cette découverte, et l'évêque
de Munster jugea l'instant venu de parler
franc et de jeter le masque. Le messager des
« Hautes-Puissances » reçut, le 18 mai, une
lettre violente. Les États de Hollande y étaient
accusés des plus méchants desseins, des forfaits les plus noirs à l'encontre de leur voisin :
embauchage de ses troupes, corruption de ses
fonctionnaires, tentatives d'incendies dans les
villes du diocèse, complot contre l'État, et
envoi d'assassins chargés d'attenter à sa vie;
tels étaient les griefs qui obligeaient Galen de
demander réparation aux États-Généraux et de
défendre à ses sujets, « sous peine de la prison,
de la confiscation et au besoin même de la vie,
d'avoir aucun commerce avec ceux des Provinces-Unies[1] ». Sur cette déclaration —
exempte pour une fois d'équivoque — le sieur
de Houvelaer abasourdi repartit pour La Haye.
Il y était à peine rendu que l'évêque, suivant
sa coutume, sans se soucier d'attendre la
réplique, mettait ses troupes en marche et se
ruait sur son adversaire.

[1]. *La vie et les faits mémorables... Annales*, etc.

VII

« Je partirai demain, écrit le 29 mai Luxembourg à Louvois[1], marchant sans bagage, à la réserve d'un petit chariot pour me porter à un petit bateau, de la grandeur de ceux que se servent les sauvages, et dont je me servirai pour aller joindre la flotte anglaise, s'il m'en prend envie... M. de Munster, que je rattrapai en chemin, me demanda fort si vous étiez content de lui, et il se mit sur vos louanges, excepté sur une chose qu'il regarde en vous comme un grand défaut, qui est d'épargner un peu trop l'argent de notre maître. » Ce ton de bonne humeur témoigne que l'entente règne enfin entre les alliés. Louis XIV, fidèle à tenir sa promesse, a permis

1. Arch. de la Guerre.

à l'évêque, dès le premier coup de canon, de se livrer à son penchant pour « la maraude » et le pillage. Le prélat, aussitôt, ceint l'épée au côté, — « non sans l'avoir bénie à une messe particulière qu'il dit à cet effet » — et les troupes munstériennes, tandis que l'armée du Grand Roi s'occupe « d'attaquer à la fois quatre places sur le Rhin[1] », se répandent dans l'Over-Yssel, conquérant sur la route force bourgs et villages, et ramassant force butin. En ce beau début de campagne, c'est Galen tout seul qui commande. Luxembourg, sans intervenir, le laisse jeter son premier feu et « se divertir » à son aise. Le 4 juin seulement — le jour même où Condé fait tomber les murs de Wesel — il prend le commandement de toute l'armée alliée. Avec les six mille hommes envoyés par le Roi, cette armée comprend au total 28 000 combattants; Luxembourg y compte sous ses ordres quelques bons généraux français, le marquis de Chamilly, le comte de Choiseul, MM. de la Vallière, du Montal et de Villeroy. Galen cependant

1. Lettre de Louis XIV à Colbert du 31 mai 1672.

obtint de garder pour soi seul la direction des
12 000 hommes qui constituaient son contin-
gent, et l'expérience montra bientôt l'inconvé-
nient de ce partage.

Les premiers temps tout alla bien. Grool
dans l'Over-Yssel, une des meilleures places
de Hollande, fut prise presque sans coup férir;
de même pour Zwolle et Deventer, dont la
reddition fut si prompte qu'on soupçonna
les magistrats d'être de connivence avec les
agresseurs : « Je vois décidément que ces
traîtres me tiendront parole », entendit-on
dire à Galen. La résistance ne fut guère plus
sérieuse sous les murailles de Cœvorden, « clé
des provinces de Frise et de Groningue ».
L'évêque l'investit brusquement avec 10 000 chevaux et 6 000 fantassins ; et, presque sans travaux d'approche, le bombardement commença.
« La ville est assez forte et pourrait tenir longtemps, écrit Chamilly à Louvois, mais je crois
qu'il la prendra par ses bombes, à cause de la
peur [1]. »

C'est en effet au siège de Cœvorden que se

1. Lettre du 10 juillet. Arch. de la Guerre.

fit, au dire de Pomponne [1], « la première expérience » des engins destructeurs inventés par l'évêque. L'effet moral fut foudroyant et dépassa toute espérance. Lorsqu'ils virent pleuvoir sur leurs têtes cette grêle de projectiles, éclatant dans les airs avec un fracas déchirant, les officiers municipaux implorèrent une trêve de trois jours. « Pas trois heures ! » leur répond Galen ; et pour la nuit suivante, il annonce un « déluge de feu » plus effrayant, plus mystérieux encore, suivi d'un assaut général où rien ne serait épargné, « pas même les enfants au berceau [2] ». Le cœur, à cette menace, faillit aux assiégés. Malgré le gouverneur, la place ouvrit ses portes et se rendit à discrétion, ce qui n'empêcha pas qu'elle fût pillée dans les règles.

Jamais d'ailleurs plus qu'en cette guerre n'éclata la férocité des bandes recrutées par Galen. « Ils n'épargnaient sexe ni âge », dit un contemporain ; le viol et l'assassinat étaient le salaire assuré de toute tentative de défense. Sur le bruit de ces barbaries, les populations

1. *Mémoires.*
2. *Annales des Provinces-Unies.*

des villages fuyaient à leur approche, se réfu-
giaient dans les grandes villes, jetant par d'horribles récits « l'effroi et la consternation ». Ce
sont, s'écrie en les voyant à l'œuvre le comte
de Chamilly, « les plus grands misérables
qui aient jamais été! » Galen lui-même d'ailleurs, en ses heures de gaieté, comparait ses
soldats à une « troupe de démons », chargés
d'avancer le supplice des « huguenots damnés
de Hollande ».

On ne peut se défendre de quelque indignation à voir cet « Attila germain » faire trêve à
sa sanglante besogne pour aller parader à la cour
du Roi Très-Chrétien, et recevoir de Louis XIV
un accueil chaleureux. Il y fait son entrée dans
le plus galant appareil. « Il marche en un
équipage fort militaire, écrit l'historiographe
officiel du Grand Roi[1], et a une garde d'hei-
duques fort beaux à voir, tous vêtus couleur de
musc, avec de grands boutons d'argent massif,
des sabres courts et larges, et des écharpes
rouges. » Le Roi ordonne en son honneur un
Te Deum solennel, où Galen officie lui-même.

---

1. *Lettres* de Pellisson.

Il a de Louis XIV « une audience de deux heures », suivie d'un festin magnifique où il s'assoit en place d'honneur, et au sortir duquel il est « régalé par le Roi d'une croix de diamants d'un grand prix[1] ». Rien en un mot n'est omis par le Roi pour faire honneur à cet illustre allié. Toutefois ces pompes et ces délices ne sauraient retenir longtemps un si bouillant guerrier. « Il s'en est retourné le même jour à son armée, disant qu'il ne pouvait être davantage absent, à cause qu'il fait lui seul le détail de toutes choses[2]. »

Cet édifiant accord est d'ailleurs éphémère, et ne saurait survivre aux passagères nécessités des opérations militaires. Ceux qui voient de plus près les exploits de Galen sont vite écœurés du spectacle; le duc de Luxembourg, dès les premières semaines, se dégoûte de servir avec un pareil auxiliaire, et se plaint vivement à Louvois. « Je ne suis point surpris de ce que vous me dites de M. de Munster, ayant vu par ma propre expérience quel homme c'est! » lui répond le ministre d'un ton dépourvu

1. *Relations véritables des Pays-Bas,* — *Gazette* de 1672.
2. *Lettres* de Pellisson.

d'illusion. « Si vous continuez, poursuit-il, à
être aussi doux que vous l'avez été jusqu'à
présent, vous en essuierez bien d'autres, ce
qui fait que je vous conseille de ne plus lui en
laisser passer aucune[1]. » Le comte de Chamilly dénonce, de son côté, les exactions éhon-
tées de l'évêque, le pillage auquel il se livre.
La ville de Zwolle, dit-il, est « épuisée », ruinée
de fond en comble, ainsi que les régions voisines ; les habitants « font des vœux continuels
pour tomber entre les mains de Sa Majesté,
et se voir délivrés des Munstériens[2] ». Et la
« méchante humeur de M. de Munster » prend
bientôt de telles proportions, que Louvois
mande à Luxembourg qu'il l'autorise, si les
choses continuent, à s'en aller avec le contin-
gent français, et à « laisser l'évêque tout seul
exécuter les visions dont il a la tête remplie ».
Le général du Roi ne se le fit pas dire deux
fois. Dès le premier prétexte — un désaccord
au sujet de l'occupation de Zutphen — il
demande son rappel, prend congé de l'évêque,
et rejoint les armées françaises. Galen, libre

1. Lettres des 18 et 20 juin 1672. Arch. de la Guerre.
2. 10 juillet. Arch. de la Guerre.

de toute entrave, va pouvoir enfin sans contrainte donner l'essor à son génie.

Rendons-lui la justice qu'il ne perd pas son temps en hésitations superflues. De longue date une idée le hante et le travaille : mettre la main sur la ville de Groningue[1], un des grands centres commerçants dont la Hollande tire sa richesse. Comme son avidité, son orgueil y trouvera son compte. Ce sera la « grande entreprise » qu'il rêve depuis le début de son règne, celle qui doit du même coup éterniser son nom et faire couler le Pactole dans ses coffres. Dès le 19 juillet, il mande à Cœvorden l'électeur de Cologne et l'évêque de Strasbourg; un grand conseil de guerre se tient entre les trois prélats. Le projet de Galen y soulève de graves objections[2] : les défenses de la ville sont fortes, la garnison fidèle et résolue, la bourgeoisie nombreuse et rompue au métier des armes; le gouverneur, Charles de Rabenhaupt, passe pour un homme déter-

1. Chef-lieu de la province du même nom, à l'extrémité N.-E. des Pays-Bas.
2. Note envoyée à Louvois par l'évêque de Strasbourg, juillet 1672. Arch. de la Guerre.

miné ; enfin l'étendue de la place, coupée par un large canal, rend l'investissement difficile et le bombardement d'une efficacité douteuse. Mais Galen a réponse à tout : les bourgeois, assure-t-il, sont divisés entre eux, les troupes hollandaises « fort méchantes », les officiers « poltrons », et l'exemple des autres villes, qui toutes se sont rendues « par peur », laisse aisément prévoir ce qui se passera pour Groningue. Galen d'ailleurs a fait le vœu « d'y célébrer la messe le jour de la Saint-Louis » ; son honneur personnel, aussi bien que « la gloire de Dieu », sont intéressés à ce siège.

Comment ne pas se rendre à de tels arguments ? Les évêques, le lendemain, campaient sous les murs de la place, avec leurs armées réunies qui s'élevaient à 22 000 hommes. Le roi de France, pour ménager Galen, adjoignit à ces forces un petit corps de quelques centaines de chevaux, sous la conduite du marquis de Renel[1], qui parut peu flatté du métier qu'on lui imposait : « Je sais bien, écrit-il d'un ton rechigné[2],

---

1. Louis de Clermont d'Amboise, marquis de Renel, lieutenant général, tué au siège de Cambrai le 11 avril 1677.
2. Août 1672. Arch. de la Guerre.

que, n'ayant pas demandé mon avis pour venir ici, je ne dirai pas ce que j'en pense ; et je me contenterai de faire, le mieux qu'il me sera possible, ce qu'on m'ordonnera. »

La méthode de guerre de Galen — sans parler même du brigandage — n'est certes pas pour consoler un militaire imbu des bonnes règles de l'art. Sitôt à portée des remparts, sans même prendre le soin d'investir complètement la ville[1], l'évêque dispose canons et mortiers en batterie ; et subitement, avec une rage inouïe, bombes et boulets pleuvent sans relâche sur tous les points qu'ils peuvent atteindre. Le plaisir de la destruction se double d'un grossier calcul. Terroriser les assiégés par un « foudroiement effroyable », et frapper leurs esprits d'une crainte superstitieuse qui paralyse toute résistance, c'est le moyen qu'il tient pour infaillible, et qui jusqu'alors, à vrai dire, ne lui a que trop réussi. Groningue aura, dans

---

1. Pomponne, dans ses *Mémoires*, attribue cette étrange tactique à la cupidité de Galen. Il se croyait, dit-il, « si sûr de prendre la place », qu'il ne voulut jamais permettre aux troupes de M. de Cologne d'occuper la région qui s'étendait de l'autre côté du canal, de peur qu'elles ne la ruinassent, et diminuassent ainsi le butin qu'il comptait récolter. « Cet esprit de ménage lui fit manquer sa conquête. »

cette pensée, l'honneur de ses plus récentes
découvertes. Ses bombes sont telles que, de
ce temps, on n'en avait encore point vues.
Pesant « plus de 400 livres », elles ont « quatre
doigts d'épaisseur, le reste étant rempli de
poix, de soufre, de salpêtre et de poudre à
canon ». Par leur seule pesanteur, dit un contemporain, « elles traversaient tous les étages
et tombaient dans la cave, où, faisant leur effet,
on voyait en moins d'un instant la maison
entière renversée[1] ». La nuit, il jetait dans la
place « certaines machines de fer, remplies
d'une matière combustible, qui s'enflammait
par des ressorts qui se débandaient dans la
chute, et faisait rejaillir quantité de ferrailles
qui brisaient tout aux environs ». En trois
jours, un quart de la ville fut détruit et « réduit
en poudre ».

A la grande surprise de Galen, en dépit de
cet « ouragan », personne dans la population
ne songe encore à crier grâce. « Vous ne trouverez point ici des lâches et des poltrons
comme à Cœvorden », lui écrivait, le premier
jour du siège, le gouverneur, M. de Rabenhaupt;

1. *La vie et les faits*, etc.

et cette parole se réalise. Les assiégés, massés
de l'autre côté du canal, regardent flamber
leurs maisons avec philosophie. Même, le quatrième jour, les bourgeois, par bravade, « font
la débauche » sur les remparts, et « se réjouis-
sent jusqu'à la nuit au milieu des fanfares ».
Le quartier le plus opulent se trouvant le plus
exposé, ses habitants s'entassent dans les demeures « les plus chétives », où tous, pauvres et
riches, nobles et roturiers, vivent ensemble de
la même vie, dans une fraternité joyeuse. « On
ne voit plus partout que paix, union et charité[1]. »
Chacun d'ailleurs s'emploie à la défense : « les
femmes aident leurs maris et les enfants leurs
pères »; les ouvriers, les commerçants, prennent
le mousquet à côté des soldats. Les *Mennonites*[2]
eux-mêmes — à qui leur croyance interdit
l'usage des armes et l'emploi de la force —
trouvent moyen de s'utiliser « sans blesser leur
conscience ». Répartis en brigades, mais « sans
chefs et sans armes », ils éteignent les bombes
et luttent contre les incendies[3].

1. *La vie et les faits*, etc.
2. Secte anabaptiste fort nombreuse à Groningue, fondée
par Menno Simonis (1496-1561).
3. *Annales des Provinces-Unies.*

Après dix jours de canonnade, quand Galen, « ennuyé de ne voir personne sortir afin de traiter avec lui », envoie sommer la ville par un de ses trompettes, les bourgmestres unanimement lui font porter cette belle réponse : « Très illustre prince et seigneur, pour réplique à la vôtre du 30 juillet de la présente année, contenant une sommation de remettre notre ville entre vos mains, nous vous dirons que, sur la confiance que nous avons en le secours divin, la justice de notre cause et la fidélité de nos alliés, nous avons résolu unanimement avec notre gouverneur de défendre notre ville contre ses ennemis jusqu'à la dernière extrémité, et de n'épargner pour ce sujet ni nos vies ni nos biens, étant, par la grâce de Dieu, abondamment pourvus de toutes les choses nécessaires pour cet effet. — De Groningue, ce 1ᵉʳ d'août 1672[1]. » Cette fermeté simple et tranquille arrache au gouverneur un cri d'admiration : « J'ai assisté à bien des sièges, s'exclame le vieux soldat, mais je n'ai jamais vu une bourgeoisie si patiente et si brave ! »

1. *Annales des Provinces-Unies.*

La vigueur de l'attaque égalait celle de la défense. Galen « était partout », passant chaque jour plusieurs heures aux tranchées, « donnant lui-même les ordres pour les pousser avec une plus grande diligence ». Il marchait sans escorte, environné seulement de « neuf ou dix personnes portant les mêmes habits que lui », pour éveiller moins d'attention. C'est dans cet équipage qu'il visitait les postes avancés, et « malheur à l'officier ou au soldat qu'il trouvait en faute, car il ne pardonnait à personne! » Sa cruauté farouche croissait avec sa déconvenue. Le vingtième jour du siège, enragé de ne faire aucun progrès sensible, il résolut de jouer sa dernière carte et d'employer les « artifices » qu'il tenait en réserve pour l'occasion suprême. Les moyens naturels s'étant montrés inefficaces, il fit appel aux « puissances infernales » et invoqua la magie à son aide.

Le 10 août, les bonnes gens de Groningue virent avec épouvante tomber du firmament de prodigieuses « machines ». C'étaient des « pots-à-feu » d'une grosseur gigantesque, qui s'ouvraient en touchant le sol; un « petit canon » en sortait, d'où s'échappaient « des lames de

cuivre gravées en caractères gothiques et chargées de figures effrayantes ». Il se répandait en
même temps « une matière d'une odeur si
puante, que l'air était empoisonné[1] ». On conserve le spécimen de certains de ces « talis-
mans » ; ils présentent des images grotesque-
ment horribles, autour desquelles s'enroulent,
gravées en lettres archaïques, des formules
inintelligibles, mélange barbare de latin, d'allemand et de jargon informe, mots tirés des
Saintes Écritures joints à d'autres dénués de
sens, chiffres cabalistiques, dont l'aspect mystérieux est bien fait pour agir sur la crédulité
d'un peuple ignorant et candide.

Peu s'en fallut que ces belles inventions ne
fussent couronnées de succès. Les mêmes qui,
stoïquement, regardaient sans pâlir les bombes
et les boulets ardents, perdaient la tête devant
ces « diableries ». Quelques-uns affirmaient
« qu'ils étaient demeurés perclus pour avoir
touché ces figures » ; d'autres, « qu'en les lisant,
ils se sentaient tentés de rendre la ville à
l'évêque ». Tous, au premier moment, traitè-

1. *Annales des Provinces-Unies.* — *La vie et les faits*, etc.
— *Mémoires* de Pomponne, etc.

rent d'impies, d'athées et de blasphémateurs
ceux qui, plus clairvoyants, doutaient de ces
effets et contestaient ces assurances. L'un de
ces « savants hommes », pour avoir insisté, se
vit un jour presque assommé par la populace
en délire. Afin de vaincre cette panique, le gouverneur dut expédier des théologiens en renom
qui prêchèrent sur les places publiques. Leurs
discours éloquents, appuyés sur l'Écriture sainte
— et sans doute aussi la remarque que ces
engins, au bout du compte, faisaient « plus de
bruit que de mal », — parvinrent enfin à rassurer la foule, et ramenèrent dans les cœurs
la vaillance en déroute.

De ce jour, le découragement se glisse peu
à peu dans les rangs de l'armée assiégeante.
« M. l'évêque de Munster se trouve dans le
dernier embarras, mande à Louvois le marquis
de Renel[1], et en est réduit à implorer le secours
du Roi. » Mais le Roi fait la sourde oreille, et
Galen en garde une rancune dont on verra
bientôt l'effet. Pour l'instant, il se venge sur
ses confrères et ses alliés, l'électeur de Cologne

---

1. Lettre du 21 août 1672. Arch. de la Guerre.

et l'évêque de Strasbourg; c'est à eux qu'il s'en prend de sa mauvaise fortune; ce sont, à chaque conseil, des récriminations et des scènes violentes. « Votre Majesté — écrit à Louis XIV le prince Guillaume de Fürstenberg, frère de M. de Strasbourg — ne saurait jamais imaginer quelles peines, mortifications et déplaisirs nous éprouvons tous les jours! »

La maladie et la disette font des ravages affreux parmi les Munstériens; les désertions sont si fréquentes que l'infanterie est réduite des deux tiers[1]; trente sentinelles, en une seule nuit, quittent leurs postes et passent dans la ville. Les bombes elles-mêmes et les boulets commencent à faire défaut; Galen est contraint, à la fin, de faire tirer avec des pierres, dont certaines « pèsent jusqu'à cent livres ». Dans sa colère de l'échec qu'il prévoit, il invective contre ses canonniers, prétend leur enseigner lui-même à charger leurs mortiers, qu'il fait bourrer jusqu'à la gueule, « avec double charge de poudre ». Les soldats tremblants obéissent, et les mortiers volent en éclats.

---

1. Lettre du 21 août 1672. — Arch. de la Guerre.

Sur quatre-vingts, dit-on, il n'en resta pas cinq intacts.

Dans la nuit du 27 août, la canonnade s'arrêta brusquement. Les assiégés, surpris de ce silence, et redoutant une attaque générale, se tinrent prudemment sur leurs gardes. Mais, au matin, « les plus bouillants » s'aventurèrent hors des remparts, et furent émerveillés de trouver les tranchées désertes, le camp abandonné et les Munstériens hors de vue. L'approche des troupes de M. de Brandebourg, passé décidément au parti de l'Empire, fut, dit-on, le motif de cette résolution soudaine. La retraite des prélats eut l'allure d'une déroute. Sur leurs 22000 hommes, ils en ramenèrent à peine 12000, dont 2000 malades ou blessés, le reste démoralisé. « M. de Munster, écrit le marquis de Chamilly[1], ne s'est pas retiré avec 1800 hommes de pied, quasi toute son infanterie ayant déserté, et celle de M. de Cologne n'est guère en meilleur état. Rien n'est plus pitoyable que tout ce qu'ils ont fait à Groningue! »

La division, suivant l'usage, régnait chez

[1]. Lettre à Louvois du 1ᵉʳ septembre 1672. Arch. de la Guerre.

les vaincus, aggravant le désastre : « M. de
Munster et M. de Strasbourg se sont séparés
fort mal, ajoute le même informateur, M. de
Strasbourg lui ayant reproché qu'il avait voulu
attaquer Groningue sans raison ni mesure, et
l'autre répondant que sans lui il l'aurait pris. »
Peu après la levée du siège, la brouille devint
presque complète; chacun tira de son côté.
Les troupes de M. de Cologne s'établirent en
quartiers dans le pays d'Over-Yssel. Ramassant les débris des siennes, Galen prit la route
de Munster, pour tenter d'y « refaire », aux
dépens de son peuple, ses soldats en guenilles
et ses canons en miettes.

VIII

La défaite subie à Groningue marque pour
Galen le terme des triomphes, le début de la
décadence. Son prestige sanglant a sombré;
son nom n'éveille plus l'épouvante; les « machines » et les « artifices », qui si longtemps
ont fait trembler les villes, n'excitent plus guère
que la risée. On le hait, mais on le méprise.
« M. de Munster, dit Chamilly, est haï comme
un diable, et ses bombes sont fort décriées. »
Pour un homme dont la force est faite de la
peur qu'il inspire et de la lâcheté qu'il rencontre, c'est un désastre irrémédiable. Il s'opiniâtre néanmoins et ne renonce pas à la lutte;
dès la saison suivante, il reprend la campagne
et ravage de plus belle les provinces frontières
de Hollande. Mais ses succès sont minces et ses

conquêtes médiocres; chaque fois que devant
lui se dresse une sérieuse résistance, ses
bandes tournent casaque et s'enfuient presque
sans combattre. Pour quelques bourgades et
« bicoques » qu'il pille et rançonne à merci, il
perd en peu de mois les villes précédemment
conquises. La faute en est surtout à son impré-
voyance : « Les places que garde M. de
Munster, mande encore Chamilly[1], ne sont
point munies des choses les plus nécessaires,
et celles auxquelles il pense le moins pour leur
défense sont le pain et la poudre. » C'est
ainsi qu'il laisse tour à tour échapper de ses
mains Nieuweschaus, Wede, Steenvick, enfin
la ville de Cœvorden, le plus brillant fleuron
de sa couronne. Cinq cents hommes de ses
troupes, hâves, affamés, dénués de tout, se
rendent sans brûler une amorce à une poignée
de Hollandais[2].

De ces échecs, de ces humiliations, il accuse,
comme on pense, tout le monde excepté soi-
même. Les relations et les correspondances le

1. 1ᵉʳ novembre 1672. Arch. de la Guerre.
2. Correspondance de MM. de Duras, de Chamilly, de
Renel, etc. Arch. de la Guerre.

représentent dès lors comme une sorte de fou furieux, faisant trembler ceux qui l'approchent, jurant et blasphémant sans cesse « à la mode de son pays ». Les voisins qu'il dévaste ne sont point seuls à pâtir de sa rage; ses sujets à leur tour en reçoivent de dangereux éclats. Il affirme un beau jour avoir découvert dans sa ville « une grande conspiration » contre lui-même et contre son armée. Des notables, des magistrats, même des officiers de haut grade, sont soupçonnés d'y avoir part. « J'ai été informé aujourd'hui par M. de Munster, mande Turenne à Louvois[1], que l'on découvre tous les jours des complices de la conspiration qui se faisait dans Munster, tant entre les bourgeois qu'entre les gens de guerre. » Par ordre de Galen, on arrête en masse et pêle-mêle tous ceux qu'il juge suspects d'opposition ou de froideur. Les prisons de Munster regorgent de victimes; et, sans instruire l'affaire, sans procédure et sans jugement, l'échafaud est dressé sur la place de la ville. « Le lieutenant-colonel Fidnack — mande l'évêque à Louvois, par la plume de son secré-

1. Lettre du 7 mars 1673. Arch. de la Guerre.

taire, — le principal auteur de la conspiration,
a été exécuté ce matin... Son Altesse m'a
ordonné de vous apprendre que cet exécrable
parricide (*sic*) a eu la tête tranchée, le corps
coupé en quatre pièces, qui ont été pendues
aux quatre portes de la ville de Munster, la
tête mise sur une pique et promenée par les
rues. Les autres complices le suivront de
près[1]. » Quant au procès des suppliciés, on
le fera « plus tard », lorsqu'on saura « comment la cour de Vienne a pris cette manière
d'exécution[2] ». Ces mêmes lettres où le tyran
se vante de ces atrocités se terminent par d'humbles suppliques, pour obtenir de Louis XIV,
« en témoignage d'estime et d'amitié », des
secours d'argent pour son frère, le baron
de Galen, et pour soi-même « une grande
abbaye » du royaume, celle par exemple de
Saint-Germain des Prés.

Cette requête, disons-le, ni d'autres qui la
suivent, ne rencontrent aucun succès. Le Roi,
pas plus que ses ministres, ne garde à présent

1. Lettres du secrétaire de M. de Munster, de mai 1673.
Arch. de la Guerre.
2. *Ibid.*

d'illusion sur la valeur de son allié, sur les forces dont il dispose, sur le concours qu'on en peut espérer. D'ailleurs, depuis deux ans, les circonstances ont bien changé. Le 30 août 1673, des traités d'alliance offensive ont été signés à La Haye entre les États-Généraux, le roi d'Espagne et le duc de Lorraine. Le 15 septembre, entre en campagne M. de Montecuccoli, le général de l'armée impériale; un mois plus tard, ce sont les Espagnols. C'est le premier acte du drame qui, pendant près de quarante ans, va se jouer entre la France et les nations coalisées contre elle. « La guerre de Hollande est finie, la guerre européenne commence[1]. » Utile peut-être tout à l'heure, pour détourner vers les bords de l'Yssel l'attention des Provinces-Unies, le tyran de Munster devient un appoint négligeable dans la grande lutte qui va s'ouvrir; ses médiocres efforts « ne paraissent plus dignes d'être achetés[2] ». Aussi est-ce en pure perte qu'il s'épuise désormais en demandes de subsides; les fonds accumulés dans les

1. C. Rousset, *Histoire de Louvois.*
2. *Annales des Provinces-Unies.*

caisses du royaume sont réservés pour un meilleur emploi[1].

Novembre amène une bien autre surprise. Louis XIV, en effet, sur le conseil de Turenne et Louvois, prend inopinément une résolution grave : pour faire face à l'Empire en même temps qu'à l'Espagne, il se décide à concentrer ses forces, à faire évacuer la Hollande, du moins les places du Zuyderzée, du Leck et de l'Yssel. Les villes qu'occupent encore les troupes de l'évêque de Munster et de l'électeur de Cologne, les pays où ils tiennent quartiers, vont être, de ce fait, abandonnés aux attaques de l'ennemi; et les armées épiscopales n'auront d'autre parti que battre vivement en retraite. « Jamais princes ne furent plus étonnés que les deux prélats », dit un écrit du temps; et cet étonnement se traduit tantôt par des plaintes suppliantes, tantôt par des reproches amers[2]. Les lettres de Luxembourg — chargé d'exécuter la volonté du Roi — sont remplies pendant cette période du récit des « chicanes »

1. *Mémoires* de Pomponne.
2. Voir la lettre du prince G. de Fürstenberg du 7 novembre 1673. Arch. de la Guerre.

et des lamentations des alliés ainsi sacrifiés aux nécessités politiques, et dont le duc raille sans pitié la déception et la colère, « l'ignorance crasse » et le « manque d'entendement ».

C'est au plus fort de cette querelle qu'une voix nouvelle s'élève dans le débat. L'Empereur, sentant l'occasion favorable, somme, dans une lettre menaçante, les deux princes ecclésiastiques de faire leur paix avec les États-Généraux, faute de quoi ils seront « mis au ban de l'Empire », et leurs États ravagés par ses troupes. Un acte de vigueur appuie ce langage énergique : le frère de l'évêque de Strasbourg, le prince Guillaume de Fürstenberg, ardent partisan de la France, est enlevé à Cologne du congrès où il siège, jeté dans un carrosse et mené jusqu'à Vienne, où on le retient prisonnier. Bafoués d'une part, intimidés de l'autre, faut-il faire un crime aux prélats de n'avoir opposé qu'une courte résistance? Galen montre l'exemple et baisse pavillon le premier. Le 22 avril 1674, un traité signé à Cologne annonce publiquement son passage dans le camp des ennemis du Roi.

Pourvu qu'il pille et qu'il rançonne, que lui importe, au demeurant, la couleur du drapeau?

Du jour de cette évolution, cesse le rôle politique de l'évêque de Munster. Il rentre dans le rang, avec les autres princes qui suivent la bannière de l'Empire; son action militaire se confond pendant quatre années avec celle des armées de la coalition formée pour abattre la France. Aussi ne le suivrons-nous pas dans les péripéties de cette guerre compliquée, où son rôle n'est que secondaire. De ceux dont il suit la fortune, il ne se distingue guère que par sa mauvaise foi. Deux fois, en cette courte période, il tente de les trahir, et de « s'accommoder » sous main avec le Roi; l'affaire manque les deux fois par la faute de son double jeu, des justes défiances qu'il excite. « Votre Majesté, qui connaît si parfaitement l'esprit de M. de Munster — écrivent, le 18 septembre 1676, les plénipotentiaires de France à Cologne — ne sera pas surprise de sa manière d'agir... Il n'y a que trop d'apparence qu'il a dessein de prolonger la conclusion du traité jusqu'à la fin de la campagne, afin de tirer en même temps pendant l'hiver, et de Votre Majesté et des États-Généraux, le paiement de ses troupes, en faisant croire à ceux-ci qu'il ne les destine qu'à leur service et en vous promettant d'ailleurs qu'elles ne seront pas employées contre le vôtre... » La perfidie chez lui est comme un besoin de nature; quand il ne peut trahir en bloc, il se rattrape sur le détail : « Sa Majesté a vu avec plaisir — écrit ironiquement Louvois après la victoire de Cassel[1] — par l'état des troupes de M. de Munster qui était parmi les papiers du prince d'Orange, que ledit évêque n'a pas perdu l'habitude de tromper ceux avec lesquels il traite, puisqu'il livre 5 500 hommes à M. de Villahermosa, qu'il se fait payer pour 9 000[2] ! »

De sa longue carrière, en effet, le trait le plus frappant est la remarquable unité. Sans défaillance, d'un bout à l'autre, il reste fidèle à soi-même; et l'on dirait que la nature, par une étrange complicité, veuille entrer dans ce jeu et mettre une dernière touche à cette belle

1. Où Luxembourg s'était emparé de tous les papiers du prince d'Orange.
2. Lettre à Luxembourg, du 25 juillet 1677. Arch. de la Guerre.

ordonnance. Né pour le meurtre et la rapine, il disparaît à l'improviste, à l'heure où va, pour dix années, se clore le champ propice à ses exploits. Le 10 août 1678, la France et la Hollande conviennent de déposer les armes; seule l'Espagne résiste encore; elle cède enfin le 17 septembre; deux jours plus tard, les États-Généraux font parvenir les ratifications qui scellent et consacrent la paix. Galen — qui, disent ses biographes, avait toujours joui jusqu'alors d'une santé merveilleuse — fut pris, ce même mois de septembre, d'une indisposition légère, qui le força de s'aliter pour la première fois de sa vie. L'état, contre toute apparence, s'aggrava subitement dans la semaine suivante; et le 19 — au jour précis où devenait définitif le traité de Nimègue — il succomba sans agonie, dans la soixante-douzième année de son âge et la vingt-huitième de son règne. On dit qu'à ses derniers instants il parut touché de remords, qu'il témoigna quelque chagrin des maux dont il avait accablé ses sujets, et déplora « la condition des princes qui ne peuvent se soutenir que par l'oppression de leur peuple », enfin qu'il donna tardivement quelques signes de « christianisme » et de repentir de sa vie.

A peine sa mort fut-elle connue dans la ville de Munster, qu'une foule furieuse se rua sur l'évêché, mit le palais à sac, pénétra dans la pièce où gisait le défunt, arracha du cadavre, habits, ornements et joyaux, et jeta le corps « presque nu » sur les dalles glacées de la chambre. Tels furent, dans l'explosion première du sentiment public, les honneurs spontanés rendus par le peuple à son prince. En revanche, le lendemain reprirent leurs droits les pompes légales, le mensonge officiel. On transporta Galen dans une chapelle ardente, où, aux quatre coins du cercueil, brûlèrent des cierges jour et nuit dans « quatre chandeliers d'argent, du prix de mille écus chacun », achetés exprès pour la cérémonie. Les funérailles eurent lieu, le 4 octobre, dans la cathédrale de Munster, si somptueuses qu'elles coûtèrent « plus de vingt mille écus ». On suspendit à la voûte de l'église un « navire d'argent magnifique », en souvenir d'un vaisseau que l'évêque avait pris dans une de ses campagnes; en cette même cathédrale on lui édifia un tombeau, qui s'y voit encore

de nos jours. L'un de ses familiers écrivit son
éloge funèbre, où il le dépeignit comme « un
prince équitable, humain, affable et clément [1] ».
Enfin celui qui lui succéda sur le trône, Ferdinand de Fürstenberg — prince aussi pacifique
que son prédécesseur avait été guerrier, — dans
un manifeste à son peuple, répandit sur Galen
un torrent d'éloquence, célébra les hauts faits
et « les vertus extraordinaires qui ont rendu
son nom célèbre et sa gloire immortelle »,
exhorta ses sujets à garder pieusement dans
leur cœur celui qu'ils avaient, leur dit-il, « dans
le cours de sa vie, révéré comme leur prince
et chéri comme leur père ».

Et c'est dans cette fumée d'encens, embaumée
de ces louanges, fleurie de ces panégyriques,
que la mémoire de Bernard von Galen — en
son vivant, comme il aimait à dire, « le fléau
de Munster, Zwolle, Deventer, Groningue et
autres lieux » — s'achemina glorieusement
vers la postérité.

1. *De vitâ et rebus gestis Christophori Bernardi*, par Johannes
ab Alpen.

UN HÉROS DE ROMAN

AU GRAND SIÈCLE

SOURCES PRINCIPALES

Recueil de différentes choses, par le marquis de Lassay. — Manuscrit de Lassay, de la collection de M. Hanotaux. — *Lettres galantes* de madame Desnoyers. — *Mémoires* de Saint-Simon, de la Grande Mademoiselle. — *Lettres* de madame de Sévigné. — *Journal* de Luynes ; etc.

Le romanesque — au sens qu'a le mot
aujourd'hui — n'est guère le propre du grand
règne. Après les folies de la Fronde, crimi-
nelles quelquefois, mais souvent généreuses
et d'allure chevaleresque, avant les libertines
extravagances de la cour du Régent et des
temps qui suivirent, s'étend une longue
période de sagesse, de pondération et de gravité extérieure. La vertu, à vrai dire, n'y gagne
pas grand'chose; mais la mesure, la correction,
la retenue imposée par l'usage, en donnent
tout au moins l'apparence, et voilent dans
leurs effets — sans les détruire dans leur
essence — les passions naturelles de l'homme.
Parmi les familiers du Louvre et de Versailles,
sauf d'assez rares exemples, le grand ressort

des âmes est moins l'amour que l'ambition. On
cherche à plaire au Roi plutôt qu'à plaire aux
femmes; la faveur du souverain, les succès à la
Cour, les distinctions honorifiques, sont des
jouissances plus recherchées que la gloire
d'arracher l'aveu d'une jolie bouche ou de
dompter un cœur rebelle. Certes l'on parle
encore le langage de la galanterie; mais la
conquête d'une beauté à la mode est trop souvent moins un but qu'un moyen, un « chausse-
pied », comme dit Saint-Simon, pour s'avancer
dans les bonnes grâces du maître; et l'amour
désintéressé, le sentiment naïf et dégagé
d'arrière-pensée, sont mis au rang des choses
« gothiques » et surannées, bonnes tout au
plus pour les petits bourgeois ou pour les braves
gens de province. En ce milieu de sens pratique, en ce monde égoïste et sec, un homme
s'est rencontré, dont la vie tout entière n'a été
occupée que du désir de plaire, qui n'a connu
d'autre ambition que d'aimer, d'être aimé, de
suivre l'appel de son cœur, qui a pris l'amour
au sérieux et qui a fait du sentiment, au détri-
ment de sa fortune, la carrière et l'objet de sa
longue existence. D'un personnage, d'ailleurs

intéressant à plusieurs titres, c'est cet aspect particulier que, dans les pages qui suivent, je tenterai de mettre en relief, m'adressant à tous ceux qui sont curieux d'un siècle dont même les simples « figurants » gardent un air et une allure qu'on chercherait vainement ailleurs.

I

La très ancienne maison de Madaillan de Lesparre est originaire de Guyenne. Elle se trouvait représentée, au milieu du xviie siècle, par Louis de Madaillan, plus connu sous le nom de marquis de Montataire. De son mariage avec Suzanne de Vipard naquit, le 28 mai 1652, un fils unique, Armand de Madaillan, qui, d'une des terres de la famille, prit le titre et le nom de marquis de Lassay, et qui sera le héros de cette histoire. Ses premières années, semble-t-il, ne furent point égayées de ces chauds rayons de tendresse, dont le doux et bienfaisant reflet se prolonge sur l'existence entière. Sa mère, créature terne et molle, écrasée sous le poids de l'autorité conjugale, ne fit que passer dans la vie sans y laisser de trace. C'était un terrible homme, par contre, que le marquis de Montataire. Brutal, dominateur, égoïste et rapace, peu scrupuleux sur les moyens et, assure Saint-Simon, « grand menteur de son métier », il ne songeait qu'à augmenter son bien par des spéculations et par des tripotages, où il laissait parfois des plumes, et plus souvent de son honneur. Sa tyrannie et ses colères faisaient trembler tous ceux qui vivaient près de lui.

Son fils, d'après son propre aveu, ne ressentit jamais pour ce père despotique qu'un vif sentiment de frayeur, que tempérait peu de respect. La violence au reste, comme il arrive avec les tempéraments énergiques, blessait l'âme de l'enfant sans parvenir à la briser; il se renfermait en soi-même, attendait, en rongeant son frein, l'heure de l'affranchissement. « A peine étais-je sorti de l'enfance, confesse-t-il quelque part, que je secouai le joug de la domination paternelle, aux dépens de tout ce qui pouvait m'arriver; et, pendant plusieurs années, je me réveillais la nuit avec un mouvement de joie, que me donnait la pensée de ne plus dépendre de personne. »

Ce goût vif de l'indépendance, par une alliance qui n'est point rare, se conciliait avec une humeur douce, rêveuse, impressionnable. « Mon esprit, écrit-il, ne me sert qu'à démêler les sentiments de mon cœur, et je ne pense qu'à proportion de ce que je sens... Je ne saurais, dit-il encore, voir souffrir personne, pas même les animaux. » C'était enfin ce qu'un siècle plus tard les contemporains de Rousseau eussent appelé « une nature sensible ». Mais il ne fallait pas trop se fier à cette mansuétude, et tel qui s'avisait de le harceler de trop près avait lieu de s'en repentir. « N'ayant encore que huit ans, rapporte Bussy-Rabutin, et étant le plus joli garçon du monde, il rêvait un jour appuyé sur une fenêtre; le chevalier de Montataire, son oncle, personnage ridicule et connu pour *fâcheux*, lui vint demander ce qu'il avait : « Laisse-moi, mon oncle, lui dit Lassay.
» — Non, je ne te laisserai point, reprit le
» chevalier, que tu ne m'aies dit à quoi tu
» penses. — C'est, répliqua alors l'enfant, que
» je songe que j'ai ouï dire qu'à mon âge tu
» étais aussi joli garçon que je suis, et que
» j'ai peur qu'au tien je ne sois aussi sot que

tu es. » Son épée s'affirma bientôt non moins acérée que sa langue. Encore adolescent, il eut querelle avec M. de Pompadour, officier des gardes du Roi : Lassay, au premier engagement, fut traversé de part en part; il voulut néanmoins continuer le combat, blessa son adversaire de quatre coups d'épée, et pour finir le désarma. Dans une époque où le courage était considéré comme la première vertu, je laisse à penser si ce trait fit honneur au jeune débutant et lui valut l'estime de la galerie.

On peut induire de ce qui précède qu'Armand de Lassay était un garçon fort précoce, et que l'esprit et le sang-froid n'avaient pas attendu chez lui le nombre des années. Le cœur ni l'imagination n'étaient demeurés en arrière. C'est à l'âge de quinze ans qu'il rencontre un jour sur sa route celle qu'il devait aimer plus qu'il n'aima jamais personne; c'est à quinze ans qu'éclôt dans sa cervelle le roman ingénu qu'il réalisera par la suite et dont les péripéties rempliront la première moitié de sa vie. L'héroïne de cette belle passion n'était pas une figure banale; et l'aventure récente qui venait d'attirer sur elle les regards surpris du public mérite d'être contée avec quelque détail. Les mémoires et lettres du temps, et les notes de Lassay lui-même, ne nous en laissent rien ignorer, et je me bornerai seulement à coordonner ces récits.

Elle se nommait Marianne Pajot. Son père était apothicaire et sa mère était femme de chambre, l'un et l'autre attachés à la maison de la Grande Mademoiselle. Cette fille, de si mince extraction, était d'une beauté merveilleuse; son esprit, sa sagesse et l'élévation de son âme répondaient, de l'aveu de tous, aux séductions de son visage. Élevée à Saint-Fargeau, dans ce château princier dont les hôtes la traitaient avec une bonté familière, son instruction et ses manières étaient bien au-dessus de ce qu'impliquait sa naissance. La Grande Mademoiselle l'aimait fort et l'attirait constamment dans sa chambre; mais de méchants rapports détruisirent cette intimité. Marianne fut accusée d'écrire des lettres à Paris, où elle tournait en ridicule la princesse et ses dames d'honneur; Mademoiselle, sans rien écouter, la fit partir de sa maison; et, congédiée sur un simple soupçon, la jeune fille vint demeurer à Paris chez sa tante, femme de chambre au service de la duchesse d'Orléans. C'est ainsi qu'elle passa, dans sa vingtième année, du château de Saint-Fargeau dans le palais du Luxembourg, où son esprit et sa beauté lui attirèrent promptement tous les hommages.

L'un des familiers du palais était, à cette époque, le duc Charles IV de Lorraine, veuf depuis peu, prince passablement excentrique, galant avec les femmes, et perpétuellement amoureux, bien qu'il frisât la soixantaine. Voir Marianne et la courtiser fut pour lui l'affaire d'un instant; mais la demoiselle était fière, et sa farouche vertu ne se contentait pas d'une situation équivoque. Charles IV reconnut bientôt que, pour réussir dans ses vues, de la fille de l'apothicaire il fallait, de nécessité, faire une vraie duchesse de Lorraine, et son cœur était si bien pris qu'il ne balança pas à s'en passer la fantaisie. Il lui offrit son nom, son rang et la couronne souveraine. Sans paraître « éblouie » de la proposition, elle demanda du temps pour réfléchir, et dix-huit mois s'écoulèrent de la sorte, dix-huit mois où le duc, de plus en plus épris, ne bougeait guère d'auprès de sa fiancée. « Il s'allait promener avec elle », dit dédaigneusement Mademoiselle, la voyait chez une tante, épouse d'un autre apothicaire, où il passait toutes ses journées, et soupait en cette compagnie, « dans des plats d'étain et de faïence » ! Ce dernier détail notamment semble exciter au plus haut point l'indignation de la princesse.

L'histoire, ainsi qu'on pense, ne fut pas longtemps mystérieuse; on en jasait fort à la Cour, et mille intrigues s'ourdirent autour de cette idylle. C'est d'abord François de Lorraine, le frère de Charles IV, qui juge l'occasion bonne pour faire assurer à son fils l'héritage fraternel, à l'exclusion des fils qui naîtraient du futur mariage. Que Charles promette à son neveu les deux duchés de Lorraine et de Bar, et François, en bon frère, secondera les projets du soupirant à barbe grise. Louis XIV, de son côté, veut profiter des circonstances : la réunion des deux duchés à la couronne de France est un rêve qu'il caresse depuis nombre d'années; des négociations secrètes sont sur

ce point dès longtemps engagées. Le Roi fait
dire au duc que cette cession si ardemment
souhaitée sera payée d'un consentement complet
au mariage de Marianne Pajot, que la fille de
l'apothicaire sera traitée au Louvre avec les
honneurs dus à une princesse souveraine.
Enfin, pour brocher sur le tout, la duchesse
d'Orléans, sœur du duc de Lorraine, jette feu
et flamme contre cette mésalliance, fait retentir
la Cour de ses doléances irritées.

Parmi toutes ces agitations et toutes ces convoitises, Charles IV n'est occupé que de sa seule
passion, et ne se soucie de rien autre. Pour
satisfaire son frère François, il fait dresser un
projet de contrat par lequel il proclame en
termes solennels son neveu, le prince Charles,
pour « son successeur immédiat et incommu-
table en ses États et duchés de Lorraine et de
Bar ». Presque en même temps il signe, à
l'abbaye de Montmartre, le 6 février 1662, en
présence du duc de Guise et de l'abbesse sa
sœur, un traité qui cède à la France, après la
mort de leur souverain actuel, les mêmes
duchés légués à son neveu. Louis XIV connut
la nouvelle du traité à la foire Saint-Ger-

main, où il était en train de jouer avec les dames : « Il n'y a rien dans toute la foire, s'écriat-il dans un transport de joie, qui vaille les deux bijoux que je viens de gagner! »

Ayant réglé toutes choses avec cette bonne foi éclatante, Charles IV, l'esprit tranquille, ne songe plus désormais qu'à célébrer la noce. Les bans sont publiés dans le plus grand mystère, et l'on prend jour pour le contrat, la consécration religieuse devant avoir lieu le même soir. La teneur du contrat se trouve encore dans les archives du ministère des Affaires étrangères. Le duc insiste avec chaleur sur les belles qualités de celle qu'il va prendre pour femme : « sa pudeur, sa piété solide, sa vertu rare, son mérite éminent » y sont consignés tout au long comme les apports de l'épousée, plus essentiels cent fois au bonheur de la vie que « les dons qui dépendent de la naissance ou la fortune ». Le 18 avril 1662, à la tombée du jour, Marianne, ses père et mère, quelques parents, et le duc de Lorraine, se réunirent pour « le festin de noce » chez « maître Tistonnet », oncle de la future, dont la boutique d'apothicaire se trouvait rue Saint-Honoré. Au sortir du souper, selon l'usage bourgeois, on devait signer le contrat; puis à minuit l'Église bénirait le mariage. Le repas fut long et cordial, et toute la compagnie était encore à table quand, à la surprise générale, un messager survint, réclamant de la part du Roi un moment d'entretien avec la jeune fiancée.

Ce trouble-fête n'était rien moins que le sieur Le Tellier, ministre de la guerre. Lassay, dans son curieux récit, reproduit le dialogue qui s'échangea entre Marianne et l'envoyé du Roi. Louis XIV venait d'apprendre — par un avis, dit-on, de mademoiselle de Guise — le double jeu de Charles IV, l'engagement pris, au mépris du traité, avec le fils du duc François; l'influence de Marianne sur l'homme qui l'adorait pouvait seule, se disait le Roi, sauvegarder l'intérêt de la France et procurer l'exécution du traité du 6 février. Le ministre était donc chargé de dire tout nettement à Marianne « qu'il ne tenait qu'à elle d'être reconnue le lendemain duchesse de Lorraine par le Roi, qu'elle n'avait qu'à faire signer à M. de Lorraine un papier qu'il avait apporté avec lui et qu'il lui montra, et qu'elle serait reçue au Louvre avec tous les honneurs dus à un si haut rang ; mais que, si elle refusait de faire ce que Sa Majesté souhaitait, il y avait à la porte un de ses carrosses, trente gardes du corps et un enseigne, qui avaient ordre de la mener au couvent de la Ville-l'Évêque, ce que madame la duchesse d'Orléans demandait avec beaucoup d'empressement ».

Marianne Pajot, dans cette alternative, se montra, par sa hauteur d'âme, supérieure aux puissants du jour qui voulaient faire de sa beauté l'instrument de leurs ambitions. Sans balancer un seul instant, elle répondit à Le Tellier « qu'elle aimait mieux demeurer Marianne que d'être duchesse de Lorraine » au prix que l'on y voulait mettre ; que, si elle avait du pouvoir sur l'esprit du duc de Lorraine, « elle ne s'en servirait jamais pour lui faire faire une chose si contraire à son honneur et à ses intérêts », et qu'elle refusait le délai qu'on lui offrait pour réfléchir. Sur quoi, elle rentra dans la chambre, prit congé du duc de Lorraine ; puis, laissant sa famille en larmes et son futur « dans des transports de rage », elle monta fermement dans le carrosse du Roi, et s'en fut à la Ville-l'Évêque, d'où elle renvoya le lendemain à M. de Lorraine « pour plus d'un million de pierreries » dont il lui avait fait présent.

Je n'ai pas à décrire l'indignation de Charles IV. Il ne voulait rien moins que forcer les murs du couvent pour enlever sa belle de vive force ; il fallut pendant plusieurs mois laisser autour de l'abbaye une compagnie des gardes pour s'opposer à l'entreprise. Enfin le duc quitta Paris, et passa bientôt en Autriche, où le temps fit son œuvre et chassa Marianne de son cœur[1]. Mais l'héroïne de l'aventure en conserva longtemps un rare prestige et comme une auréole. Quand il lui fut permis de sortir de la Ville-l'Évêque, l'accueil qu'elle reçut de toutes parts la consola de ses épreuves. M. Le Tellier l'allait voir, et parlait d'elle avec admi-

---

1. Quelques années plus tard, Charles IV étant de retour en France, le Roi le plaisanta sur cette aventure, et lui dit que « s'il avait épousé Marianne Pajot, il lui aurait fallu ajouter une seringue à ses armes. — J'y aurais mis trois fleurs de lys au bout, répliqua le duc de Lorraine, et cela eût parfaitement ressemblé au sceptre de Votre Majesté! » (*Vie manuscrite de Charles de Lorraine*, par le P. Hugo, citée par le comte d'Haussonville dans son *Histoire de la réunion de la Lorraine à la France*.)

ration; le Roi lui-même rendait hommage au
mérite de cette vaillante fille et s'intéressait à
son sort; la Cour, à l'exemple du maître, chan-
tait hautement les louanges d'une si extraordinaire vertu. Lassay, avant de la connaître,
avait donc les oreilles remplies des plus enthousiastes récits; et l'on devine sans peine l'impression que dut faire cette pure et célèbre beauté
sur un cerveau d'adolescent, bouillonnant
d'ardeurs généreuses et d'aspirations roma-
nesques. Du jour où il la vit, il se fit le serment de lui donner son existence, et le beau
de l'histoire est qu'il se tint parole.

II

De mariage, à cette époque, il ne pouvait
être question. Lassay, comme je l'ai dit, venait
d'avoir quinze ans, et Marianne en comptait
vingt-cinq. Il se contenta donc d'enfermer ses
projets et ses rêves dans son cœur. Mais il la
voyait fréquemment, lui confiait comme à une
amie ses chagrins et ses espérances, lui demandait conseil dans les circonstances difficiles,
bref, ainsi qu'il le dit, faisait de sa passion « la
règle de sa vie », tous les jours plus charmé
de cette bonté souriante et de cette douce
raison. Quelques années s'écoulèrent de la
sorte. A vingt ans il servit, comme tous les
jeunes gens de son rang, fit la première campagne de Hollande, se distingua en plusieurs
grandes affaires, et se fit vaillamment blesser.

Ce fut l'année suivante, en 1673, que, de retour en France, il s'ouvrit à Marianne du dessein qu'il avait conçu. La longue intimité dont il avait joui auprès d'elle lui avait donné lieu de croire qu'elle n'était pas insensible à sa flamme, et son chagrin n'en fut que plus profond de se voir nettement refusé. « Non, lui répondit-elle avec une fermeté tranquille, je ne vous conviens pas; votre passion vous fait trouver toutes choses aisées, mais la mienne ne m'aveugle pas. Votre maison est bonne, mais il faut que vous fassiez un bon mariage pour la soutenir, et le mien ne vous apporterait ni alliance ni bien. Vous n'en auriez un jour que des regrets, qui me mettraient au désespoir et auxquels je ne veux pas vous exposer[1]. » Elle conclut en le suppliant d'éviter à l'avenir toutes les occasions de la voir; et, pour l'aider à tenir cette promesse, elle se retira peu après dans le fond d'un couvent.

Trois mois s'étaient passés depuis cette entrevue, quand il reçut d'elle un billet le conviant à venir la trouver à sa grille. Il y courut,

1. Madame Desnoyers, *Lettres.*

le cœur battant; mais sa surprise fut grande
lorsqu'il connut l'objet de cet appel. Elle lui
avait trouvé, dit-elle, par l'entremise des religieuses, le parti le plus sortable, le plus avantageux du monde, une jeune personne de dix-
sept ans, de famille honorable, orpheline et
riche à millions. Elle était fille d'un conseiller
au parlement de Normandie, et se nommait
Marie-Marthe Sibourg. Marianne le conjurait,
avec une touchante éloquence, d'accepter son
bonheur de la main d'une amie qui, ne pouvant être sa femme, lui resterait toujours
dévouée, et qui prendrait son consentement
comme une dernière preuve de tendresse. La
lutte fut longue dans le cœur de Lassay; il
céda cependant devant de si pressantes instances, et le mariage se fit quelque temps après
à Paris, le 11 février 1674, mariage sans amour
et sans joie, froid comme la raison même
qui seule avait part à la fête. Deux mois plus
tard, l'époux partait, pour joindre l'armée en
Hollande, où son intrépidité folle, la « passion
tendre — comme écrit Chaulieu — qu'il témoignait pour les coups de mousquet », faisaient
dire à ses compagnons qu'il semblait rechercher

8

la mort. Il la manqua de peu au combat de
Seneffe; il y reçut le même jour trois bles-
sures, et regagna Paris, tout éclopé, en fort
piteux état. Son tempérament vigoureux le mit
néanmoins hors d'affaire, et ce fut d'une autre
façon que se brisa le lien qui pesait si lourd sur
son cœur. Au mois de janvier suivant, la jeune
marquise de Lassay mettait au monde une fille,
et mourait quelques jours plus tard, à l'âge de
dix-huit ans, après onze mois de mariage.

Elle ne fut pas longtemps pleurée. Lassay,
dans l'année même, revenait vers Marianne.
Les motifs du premier refus avaient désormais
cessé d'être : les biens considérables qu'il tenait
de sa femme avaient relevé sa fortune et « rac-
commodé ses affaires » ; l'expérience qu'il venait
de faire lui avait clairement démontré qu'il ne
pouvait pas vivre heureux sans celle qui, huit
années plus tôt, avait charmé ses yeux d'enfant
et pour toujours troublé son cœur. Marianne
ne résista plus et mit comme unique condition
qu'il quitterait la ville et la Cour, et s'en irait
à la campagne pour y couler sa vie près d'elle,
loin des méchants propos et du vain tumulte

du monde, l'un à l'autre uniquement, dans une obscurité complète. Pour un homme jeune et ambitieux, qui se croyait, comme il l'avoue avec ingénuité, propre aux plus grands emplois et fait pour de hautes destinées, cette retraite sans lendemain n'était pas un mince sacrifice. Il le fit délibérément et après réflexion. « J'avais, a-t-il écrit, plus d'amour-propre que personne; mais, après mille combats cruels, je le sacrifiai à une passion fondée sur une longue connaissance et une estime parfaite... J'épousai cette chère femme, et le seul repentir que j'aie connu depuis notre mariage est celui de ne pas l'avoir épousée assez tôt. »

La noce eut lieu loin de Paris, sans éclat et sans assistance; le public fut longtemps sans en soupçonner rien. Le Roi seul en fut averti et, pour marquer son consentement, ajouta vingt-cinq mille écus à la maigre dot de Marianne. Lassay quitta subrepticement et sans prendre congé le monde brillant où il avait jusqu'alors vécu, se démit même bientôt de sa charge d'enseigne des Gendarmes du Roi; et le couple ignoré s'en alla cacher son bonheur dans la terre de Bois-Froust, située auprès du

Mans, dans un cadre à la fois poétique et sauvage.

Cette demi-clandestinité, qu'on pourrait trouver surprenante, fut la condition imposée par la famille du marquis de Lassay. Son père, M. de Montataire, sa grand'mère maternelle, la marquise de Sainte-Croix, sans s'opposer de façon absolue à une alliance si romanesque, avaient exigé tout au moins que le mariage ne fût point d'abord « déclaré », laissant espérer pour plus tard une approbation plus complète. La naissance, l'an d'après, d'un fils qui reçut le nom de Léon, n'influa pas sur cette résolution. M. de Montataire pourtant venait souvent chez le jeune couple, y faisait d'assez longs séjours, parlait même de son intention de s'installer à leur foyer. « Il y a à peu près six semaines, écrivait Lassay à son père, que vous nous dites avec une extrême bonté, à mademoiselle Marianne et à moi, que vous ne cherchiez qu'à trouver du repos et de la douceur dans notre famille, et que vous vouliez vivre avec nous. » Mais ce père orgueilleux ne se pouvait résoudre à rendre le mariage public, alléguant l'opinion du monde, qu'il fallait, disait-il,

« payer de quelque chose » pour lui faire accepter une pareille mésalliance. « Vous nous dites, lui rappelle son fils, que le meilleur moyen pour cela serait que le Roi vous parlât et que, pourvu qu'il vous dît une parole, vous vous en serviriez pour contenter le public. » Lassay, sur cette promesse, se décida à venir ainsi que sa femme à Paris. L'audience royale fut accordée et Louis XIV fut plein de bonté pour Marianne. « Il lui demanda, dit Lassay, si elle lui avait pardonné de l'avoir empêchée d'être duchesse de Lorraine. Elle lui répondit qu'ayant contribué depuis à lui faire épouser un homme qu'elle aimait et dont elle croyait être aimée, elle lui avait pardonné aisément d'avoir rompu son mariage avec un souverain qui l'aurait rendue moins heureuse qu'elle n'était. » S'adressant ensuite au marquis de Montataire, le Roi le pria gracieusement d'accorder au mariage une investiture officielle, et reçut la promesse qu'il serait fait au gré de ses désirs.

Après une telle intervention, la question semblait résolue, et Lassay comptait bien qu'il lui serait enfin permis de donner à sa femme une situation régulière. Mais Montataire, loin de s'exécuter, réclamait de nouveaux délais, inventait de nouvelles raisons, éludait sous divers prétextes l'engagement par lui contracté. « Mon père partit d'ici brusquement, écrit un jour Lassay, pour aller à Paris, et me cacha avec soin le dessein qui l'y conduisait, mais enfin il vient de me le découvrir. » La suite de cette épître nous révèle le mot de l'énigme : le vieux marquis, récemment veuf, voulait se remarier lui-même, et prétendait conserver pour soi seul tout le bien de sa première femme, lequel en bonne justice devait revenir à son fils. Ce projet, en effet, après bien des atermoiements, finit par se réaliser ; Montataire épousa mademoiselle de Bussy-Rabutin, fille du célèbre auteur de l'*Histoire amoureuse des Gaules*. Ce fut d'ailleurs un couple heureusement assorti et fait pour s'entendre à merveille, l'un et l'autre également avares, intéressés et chicaneurs. « J'ai une belle-mère, écrit plus tard Lassay à madame de Maintenon, qui a plaidé toute sa vie, et qui plaide dans la perfection. Elle veut me faire cent procès, à moi qui les entends moins que l'hébreu ! »

Une anecdote contée par Saint-Simon vient justifier cette assertion. Les Montataire, au cours de l'un de ces procès, furent cités à l'audience du premier président, M. de Harlay, fameux pour son esprit caustique. « Le mari, écrit Saint-Simon, voulut prendre la parole; sa femme la lui coupa, et se mit à expliquer son affaire. Le premier président écouta quelque temps, puis l'interrompant : « Monsieur, dit-il » au mari, est-ce là madame votre femme? — » Oui, monsieur, répondit Montataire, fort » étonné de la question. — Que je vous plains, » monsieur! » répliqua le premier président, en haussant les épaules d'un air de compassion. Et il lui tourna le dos. » Quant à l'avarice du ménage, Chaulieu l'épicurien, invité par eux à dîner, fait une description lamentable de la chère qu'il a dû subir : « Ah! madame, écrit-il plaintivement à sa femme, si vous aviez vu le lièvre que j'y mangeai! La pauvre bête était morte de vieillesse et de caducité, et jamais arme à feu n'avait eu part à son homicide! »

Avec de pareils adversaires, la simple droiture de Lassay avait affaire à trop forte partie.

Jamais il ne parvint à se faire restituer son bien, non plus qu'à obtenir la confirmation du mariage. Marianne et lui se résignèrent à vivre obscurément au sein de leur retraite champêtre, dans une entente que, semble-t-il, ne troubla jamais aucun nuage. Madame Desnoyers, il est vrai, fort méchante langue et prompte aux commérages, prétend savoir que le marquis allait parfois, sous différents prétextes, « prendre l'air de la Cour » et se divertir à Paris, tandis que l'épouse délaissée se morfondait à la campagne, pleine d'inquiétude et de mélancolie. Mais aucun sérieux témoignage ne confirme cette médisance. La vérité sans doute est que, de dix ans plus âgée, Marianne était encline à quelque jalousie, et parfois exprimait des craintes dont il la reprenait doucement. Un billet de Lassay adressé à sa femme, le seul de cette époque qui soit parvenu jusqu'à nous, vient à l'appui de l'hypothèse. Ces courtes lignes, écrites sans prétention, méritent d'être citées; leur simplicité même a, ce me semble, quelque chose de touchant, et j'y crois démêler un accent à la fois tendre et grave, que l'on ne retrouve pas plus tard dans ses autres lettres d'amour :

« Ne croyez pas [1] que ce soit du bien perdu, ma chère Marianne, que ce que vous sentez pour moi. Je sais fort bien que vos plaintes et vos alarmes partent d'un cœur fort tendre, et qu'elles me disent que vous m'aimez, beaucoup mieux que d'autres choses qui pourraient me plaire davantage. Mais pourquoi vous tourmentez-vous sans raison? Ce qui vous afflige ne doit pas vous affliger. Soyez heureuse, charmante Marianne; vous devez l'être, si mon cœur vous suffit, comme vous me l'avez dit cent fois. Il est à vous, et il l'est pour toujours; et nous avons grand tort si, étant aimés l'un de l'autre, nous ne sommes pas heureux. Adieu pour une heure ou deux. »

Cette lune de miel se prolongeait depuis bientôt six ans, toujours brillante et sans éclipse, quand la foudre tomba sur ce bonheur tranquille et le réduisit en poussière. Au mois d'octobre 1681, Marianne fut prise à l'improviste d'un mal qui, dès l'abord, mit toute la

---

1. Manuscrit de la collection de M. Hanotaux.

science des médecins en déroute; elle mourait le 19 du mois, en cette même demeure de Bois-Froust, où s'étaient écoulées les seules années heureuses qu'elle eût jamais connues dans sa brève existence. Sa fin paraît avoir été douce et résignée comme sa vie. « Elle meurt entre mes bras, écrit douloureusement Lassay, et en mourant elle ne songe seulement pas à la vie qu'elle perd; elle n'est occupée que de mon affliction et ne regrette que moi. » Le désespoir de son époux passa toute description, et le tableau qu'il trace de son accablement émeut par l'évidence de sa sincérité : « Dieu a rompu la seule chaîne qui m'attachait au monde; je n'ai plus rien à y faire qu'à mourir. Je regarde la mort comme un moment heureux; on n'en souffre les horreurs qu'une fois dans sa vie, et je viens de les sentir... Je passe la plus grande partie de la nuit sans pouvoir fermer les yeux, à attendre le jour, espérant qu'il dissipera l'horreur des ténèbres, qui ajoute encore à mes maux. Mon étude continuelle ne va qu'à me sauver de moi-même! »

Dans le premier moment, il songea sérieusement à se réfugier à la Trappe. Son penchant pour l'indépendance le détourna de ce projet : « Je ne me soucie point de commander, dit-il avec candeur, mais l'obéissance m'est insupportable. » Le spectacle du monde lui inspirait pourtant un insurmontable dégoût; il prit donc le parti de s'établir, loin des regards humains, dans une sorte de Thébaïde, de s'imposer pour ainsi dire une règle monastique, dont il serait tout à fois le fondateur et le seul observant. Dans un des faubourgs de Paris, près de l'hospice des *Incurables*, il possédait une maisonnette, située au fond d'un grand jardin. C'est l'abri qu'il choisit pour y installer sa douleur, pensant judicieusement qu'en aucun lieu du monde il ne vivrait plus ignoré, et que la plus sûre solitude est celle qui se dérobe au milieu du tumulte et de l'agitation des foules. Il mena là pendant plusieurs années une existence réellement « édifiante[1] », seul avec son chagrin, partageant ses journées entre la prière et les larmes, et jouissant de son renoncement comme du dernier bonheur qu'il pût éprouver ici-bas. « Je ne sens que de la joie,

1. Saint-Simon, *Mémoires*.

écrit-il, en songeant que je vais, en attendant
la mort, mener une vie plus triste qu'elle; et
j'aime si fort ma douleur, qu'il me semble que
c'est encore un moindre malheur de la souffrir
que de la perdre. » Le langage de Lassay,
durant cette retraite volontaire, est d'un accent
très juste, très pénétrant et très senti. « Ma
chère Marianne n'est plus, écrira-t-il encore;
j'avais tout quitté pour elle, et Dieu veut que
je la quitte pour lui. Il s'était servi d'une créature, pour me détacher du monde; et puis il
m'a ôté cette créature, pour que je n'aie plus
d'attache sur la terre. »

III

Faut-il nous indigner que cette crise de douleur ait subi à la longue le sort de tous les sentiments humains? Lorsqu'il disait à l'existence un irrévocable adieu, Lassay avait trente ans à peine. Avec son corps de fer, sa santé vigoureuse, il aurait pu dire comme Louis XV, pleurant madame de Châteauroux : « Être malheureux quatre-vingt-dix ans! Car je suis sûr que je vivrai jusque-là! » Le premier symptôme apparent de sa résurrection morale fut le retour de ses goûts d'élégance; « il ajusta sa petite maison [1] », y apporta quelques embellissements, fit peu à peu du sévère ermitage un nid coquet et confortable. Puis, en ce logis trans-

1. Saint-Simon.

formé, il reçut, discrètement d'abord, ses
parents proches et ses amis intimes; enfin il
consentit à le quitter de temps à autre pour
chercher dans la société quelque diversion à
sa peine. Sa dévotion suivit le même chemin :
les jeûnes, les pratiques de piété, lui devinrent
une fatigue que ne compensait plus aucune
consolation, et l'on a de lui des propos qui
témoignent sur ce sujet de son désenchante-
ment.

On imagine bien que le monde triompha
sans pitié de cette métamorphose; il n'eut pas
assez de moqueries pour ce désespoir éternel
qui se reprenait à sourire, pour ce désert
farouche dont la solitude effrayante se peu-
plait d'aimables visages; et les railleurs le
comparaient à feu la maréchale d'Albret qui,
après la mort de son père, se refusait à prendre
aucune espèce de nourriture : « Avez-vous
résolu, madame, — lui dit M. de Bourdeille,
son ami, — de ne manger de votre vie? S'il en
est ainsi, vous avez raison. Mais, si vous devez
manger un jour, croyez-moi, il vaut autant manger tout à l'heure. — C'est juste », dit la maréchale; et elle fit apporter un gigot de mouton.

Au fond les railleurs avaient tort. Le gigot
de madame d'Albret et le retour de Lassay
dans le monde ne prouvent rien contre la
durée ni la sincérité de leurs regrets. De ce
que la nature reprend un jour ses droits et que
l'on se soumet sagement aux nécessités de la
vie, il ne s'ensuit pas à coup sûr qu'on se con-
sole ou qu'on oublie; et Lassay a, mieux que
personne, exprimé cette pensée, dans les lignes
qu'à cette époque il adressait à M. de Tréville :
« Je sais, lui écrit-il, que le temps adoucit les
douleurs les plus vives; mais les grandes
afflictions font le même effet sur l'âme que les
grandes maladies sur le corps : quoique l'on en
guérisse, le tempérament est attaqué; on vit,
mais on ne jouit plus d'une santé parfaite. »

Tel était bien son état d'âme en 1685, quatre
ans après son deuil. Sa tristesse atténuée se
fondait en mélancolie; et le vide de son existence lui causait un mortel dégoût, dont il
souffrait presque autant, disait-il, que de sa
première douleur. « Demeurer aux *Incurables*
sans dévotion, confesse-t-il naïvement à la
maréchale de Schomberg, porter une épée à
mon côté sans aller à la guerre, passer ma vie

avec des femmes sans être amoureux d'aucune, c'est une vie qui me rend trop ridicule à mes propres yeux pour que je la puisse supporter plus longtemps! » Un incident qui fit grand bruit dans le monde de la Cour vint le tirer fort à propos de ces dispositions fâcheuses. L'Europe retentissait alors de la lutte engagée entre les Turcs et l'empereur Léopold, et des victoires que Sobieski remportait sur les infidèles. En mars 1685, malgré l'opposition du Roi, les deux princes de Conti, propres neveux du grand Condé, quittèrent subrepticement la France pour aller en Hongrie participer à cette nouvelle croisade. Quelques jeunes gentilshommes se joignirent à l'expédition; Lassay voulut être du nombre. Divers motifs se réunirent pour inspirer cette décision : l'envie de quitter un pays où tout, dit-il, lui rappelait son malheur; l'ennui qu'il éprouvait de la disgrâce du Roi, qui lui gardait rancune d'avoir délaissé son service; l'espérance d'acquérir quelque rayon de gloire; et plus encore sans doute le prestige d'une lointaine et chevaleresque aventure, irrésistible attrait pour une âme exaltée. « On traitera

encore ce voyage de folie, je le sais, écrit-il ;
on dira qu'il ressemble au reste de ma vie ;
mais, ayant à être blâmé, ce dernier blâme
blesse moins mon amour-propre... Si par
hasard le Roi songe à moi un moment, il ne
saurait trouver mauvais ni extraordinaire
qu'un homme qui est assez malheureux pour
lui avoir déplu aille en Pologne, en Hongrie, à
la mort! »

Lassay rejoignit donc les princes de Conti à
Augsbourg et fit avec eux, en Hongrie, la campagne de 1685. On conserve les lettres où il en
raconte les détails, mais le cadre de cette étude
ne nous permet pas d'aborder cet émouvant et
curieux récit. Il suffit de savoir qu'à la fin de
septembre, peu après le retour des princes
à la cour de Versailles, Lassay partit pour
Vienne et de là fut en Italie, dans l'intention
d'y voyager avant de regagner la France. C'est
à Rome qu'il fixa bientôt sa résidence ; il y
trouva, semble-t-il, un grand charme ; les descriptions qu'il fait de la ville et des environs
sont empreintes d'un vif enthousiasme. Il
redevient visiblement le Lassay d'autrefois ; la
longue absence, les émotions, les dangers de la

guerre, tout ce mouvement qu'il s'est donné, ont achevé de secouer son morne engourdissement; la flamme qui paraissait éteinte se réveille avec force; une ardente soif d'aimer brûle en son cœur inapaisé.

Il put croire un moment, au cours de ce séjour à Rome, y avoir rencontré l'objet qui remplirait le reste de sa vie. Dans les salons qu'il fréquentait était une jeune princesse allemande, d'une figure ravissante, aussi spirituelle que jolie, Sophie-Dorothée de Hanovre, fille du duc de Zell, de la maison de Brunswick, et d'une mère d'origine française, Éléonore d'Olbreuse. On l'avait mariée à quinze ans à son cousin germain, l'électeur de Hanovre, qui fut plus tard roi d'Angleterre sous le nom de Georges Ier. L'époux était brutal, ivrogne et débauché, de plus d'une jalousie féroce; et la princesse, fort malheureuse, joignait à toutes ses séductions celle de la faiblesse opprimée. La connaître et l'aimer fut tout un pour Lassay. Les difficultés, les périls, ne firent qu'enflammer davantage son imagination. A peine a-t-il causé trois ou quatre fois avec elle, qu'il s'échappe en aveux brûlants et en déclarations

lyriques : « Il n'y a qu'une personne si fort
au-dessus des autres qu'il n'est pas permis aux
hommes de lever les yeux jusqu'à elle ; et c'est
cette personne que mon cœur choisit pour
aimer ! » Ainsi débute la lettre où il déclare
ses feux. — « Je crains toute la Cour, poursuit-
il, et je vous crains plus que tous les autres
ensemble ; je voudrais parler sans cesse de
vous, et je n'oserais seulement prononcer votre
nom. Quand vos yeux me regardent, quand
vous me donnez vos jolies mains à baiser, je
suis si transporté, que j'ai peur que tout le
monde s'en aperçoive... Hélas ! je me flatte :
toutes vos bontés ne sont peut-être fondées que
sur ce que vous ne pouvez pas imaginer ma
folie, et vous rougirez de dépit en lisant ma
lettre, si vous daignez la lire. » S'il en est
ainsi, reprend-il, que la princesse ne ménage
pas l'homme assez malheureux pour l'avoir
offensée, et qu'elle aille tout conter au prince :
« Montrez-lui cette lettre, et par pitié perdez-
moi tout d'un coup ; car, vous ayant déplu, je
ne veux plus de la vie ! »

La princesse, je dois en convenir, ne parut
nullement offensée, et n'alla rien conter au

prince. Cette passion audacieuse et cette furie
française semblent, tout au contraire, avoir
gagné le cœur de cette enfant de dix-neuf ans.
La correspondance s'établit, de jour en jour
plus intime et plus tendre. Les choses vont
même grand train, car dès la troisième
lettre perce chez l'amoureux comme un
soupçon de jalousie : « Hier au soir, vous
étiez jolie comme un cœur; et je m'enivrais
du plaisir de vous voir; mais il me semblait
que vous n'étiez point assez occupée de moi. »
Et quelques jours après, éclate la certitude
d'être payé de retour : « Quoi! je suis donc
aimé de vous; et je puis croire qu'une personne
que j'aime plus que ma vie n'est occupée que
de moi! Je brûle d'impatience de vous revoir;
j'espère que ce sera demain. »

Pendant plusieurs semaines se poursuit
l'agréable idylle, causeries en tête à tête dans
les bals, les spectacles, les soupers, les fêtes
de tout genre où se retrouve presque chaque
soir l'élégante société de Rome, promenades
sentimentales dans les bosquets des belles
villas, dans les campagnes solitaires qui entourent la Ville Éternelle, bref tout le train clas-

sique des galanteries mondaines, innocentes quelquefois et toujours périlleuses. Cette intimité quotidienne n'est pas sans être remarquée. Ils s'aperçoivent un jour qu'un « espion » s'attache à leurs pas. Imprudente autant qu'étourdie, la princesse ne s'en trouble guère; mais Lassay est fort tourmenté : « Quand on n'a pour tout bien qu'une chose au monde, lui dit-il, on a bien peur de la perdre. » Bientôt d'ailleurs les soupçons s'accentuent; et, sur une scène de son époux, Sophie-Dorothée à son tour prend peur, et demande à Lassay de s'éloigner de Rome pendant quelques semaines. Il obéit à contre-cœur : « Il faut donc que je vous quitte, puisque je vous causerais mille maux en demeurant ici... Hélas! je ne sais même pas si vous savez bien aimer, et je vous laisse avec un mari jaloux et une Cour qui, pour lui plaire, va mettre tout en usage pour effacer de votre cœur les impressions que j'y ai pu faire! » Il part cependant pour Venise, écrivant à sa belle à toutes les étapes du voyage, recevant en retour les plus tendres réponses.

Mais tout à coup, silence complet; plusieurs

postes se passent sans rien apporter à Lassay,
dont on se représente le trouble et l'inquiétude. Enfin un jour arrive une lettre qui lui
révèle la catastrophe : le prince a découvert
toute la correspondance; le messager qui
remettait les lettres a bassement trahi leur
secret; et des scènes effroyables ont éclaté au
palais de Hanovre. La princesse éperdue con-
jure Lassay de ne lui plus écrire, d'abandonner
tout commerce avec elle, de disparaître à
jamais de sa vie, pour ne point achever son
malheur.

La façon dont Lassay supporta ce coup
imprévu ne témoigne pas, disons-le, d'une passion bien enracinée. Sans doute il dit, avec
une correction parfaite, ce que l'usage impose
en pareille circonstance. Il maudit son destin
et « son étoile empoisonnée ». La vie « lui est
à charge », et il voudrait « en mourant pouvoir
rendre à son amie le repos et le bonheur ».
Mais, ces lamentations exhalées, il se fait une
raison, observe avec scrupule les injonctions
de la princesse, ne tente jamais le moindre
effort soit pour la voir, soit pour au moins
savoir parfois de ses nouvelles; et, par cette

attitude, il nous donne le droit de penser que l'amour, en cet épisode, joue moins de rôle que l'amour-propre, que l'imagination y a plus de part que le cœur.

Rien de plus justifié d'ailleurs que la prudence de Sophie-Dorothée; l'événement le prouva trop clairement par la suite. Quelques années plus tard, retournée en Hanovre, la princesse reprit un roman du même genre avec un autre adorateur, le comte de Kœnigsmark, jeune gentilhomme suédois, d'esprit brillant, grand héros d'aventures. L'intrigue fut découverte; l'Électeur, fou de jalousie, fit assassiner son rival au seuil même du palais, ordonna de jeter le corps dans la chaux vive, traduisit la princesse devant des juges serviles, puis, le divorce prononcé, l'enferma dans une forteresse, où elle languit captive, et mourut trente-deux ans après, n'ayant jamais revu ni ses enfants ni sa famille.

IV

Quand ce drame se passa, Lassay depuis longtemps avait regagné sa patrie, où bien d'autres soucis avaient effacé de son cœur le souvenir fugitif d'une légère amourette. Il retrouvait, à son retour en France, une puissante protectrice en la personne de madame de Maintenon, à l'apogée de sa faveur. L'amitié qu'elle lui témoignait remontait à une date lointaine. M. de Montataire avait été jadis un habitué du logis de Scarron; il y menait parfois son fils, dont l'esprit et la gentillesse divertissaient la future favorite. « C'est un homme que j'ai vu naître, écrit-elle plus tard de Lassay, et qui n'en est pas plus jeune pour cela[1]! » Elle lui

1. *Correspondance générale de madame de Maintenon.* Lettre du 12 décembre 1695.

fut toujours attachée; c'est à cette affection
fidèle qu'il dut la fin de sa disgrâce et sa rentrée à la cour du Grand Roi. On le voit en effet,
à l'époque de la prochaine guerre, reprendre
du service comme aide de camp de Louis XIV;
il est, pendant les campagnes de Flandre,
familier des petits levers, et plus d'une fois
convive de la table royale [1]. Il fréquentait
également beaucoup chez le prince de Condé,
fils unique du héros de Rocroy; et c'est dans ce
logis qu'il rencontra la femme qui fut la seconde
grande passion de sa vie, Julie de Chateaubriand, fille naturelle du prince et de la comtesse de Marans, descendante fort originale de
parents non moins excentriques.

Henri-Jules de Condé — qu'on appelait M. le
Prince à l'instar de son père — portait médiocrement le poids écrasant d'un grand nom.
Vers la fin de sa vie surtout, son humeur
s'assombrit; il devint sujet à des crises qui
touchaient presque à l'égarement. Lassay, qui
le connut à l'époque de cette décadence, a tracé
de celui qui devait être son beau-père un por-

1. *Mémoires* du marquis de Sourches. — *Journal* de Dangeau, etc.

trait peu flatté, mais plein de couleur et de relief. Voici les passages essentiels de ce morceau impitoyable : « M. le Prince n'a aucune vertu ; ses vices ne sont affaiblis que par ses défauts, et il serait le plus méchant homme du monde, s'il n'était pas le plus faible... Souvent il est agité par une espèce de fureur qui tient fort de la folie ; ce ne sont quasi jamais les choses qui en valent la peine, mais les plus petites qui lui causent cette fureur. Cela vient de ce qu'il n'est point touché de ce qui est véritablement mal ; si bien qu'il ne regarde jamais les choses, mais simplement les personnes qui les ont faites. Si c'est quelqu'un qui lui déplaise, il grossit des bagatelles et en fait une affaire importante. Cependant il est si faible et si léger, que tout cela s'évanouit ; et il ressemble assez aux enfants qui font des boules de savon... Il est avare, injuste, défiant au-dessus de tout ce qu'on peut dire ; sa plus grande dépense a toujours été en espions ; il ne peut pas souffrir que deux personnes parlent bas ensemble ; il s'imagine que c'est de lui et contre lui qu'on parle, pareil à ces méchantes bêtes qui, voulant du mal à tout le monde, croient que tout le monde leur en vent... Il est craint de tous ceux qui l'approchent, haï de ses domestiques, et l'horreur de sa famille. »

Tel était le père de Julie. Quant à sa mère, quiconque a présentes à l'esprit les lettres de madame de Sévigné se rappelle à coup sûr cette comtesse de Marans, que la marquise appelle du sobriquet de *Mélusine*, fée malfaisante réputée pour ses cris perçants, ses prédictions funestes et ses allures extravagantes. Elle était née Françoise de Montalais, veuve en 1665 du comte de Marans, grand échanson de France, et passait pour avoir vivement égayé son veuvage. Assez jolie d'ailleurs, d'esprit alerte et incisif, elle gâtait tous ces dons par une humeur bizarre, une inlassable médisance, et des minauderies prétentieuses qui, croissant avec les années, valaient à son âge mûr les quolibets de toute la Cour. Madame de Sévigné ne tarit pas en railleries sur son compte. Quand les jeunes femmes adoptent la mode nouvelle des cheveux bouclés, « la Marans », comme dit la marquise, va chez madame de la Fayette : « Ah ! mon Dieu, s'écrie-t-elle en entrant, il faut que je me fasse couper les cheveux ! — Mon Dieu,

madame, ne le faites pas, riposte madame de la
Fayette, cela ne sied qu'aux jeunes personnes. »
Ce qui ne l'empêche pas de revenir huit jours
plus tard bouclée, frisée, poudrée, coiffée enfin
« en vrai fanfan », à la grande joie de l'assemblée. En revanche l'an d'après, à la mort du duc
de Longueville dont elle était follement éprise,
elle se jette subitement dans le deuil et la
pénitence. « Je la trouvai fort négligée, écrit
madame de Sévigné : pas un cheveu, une cor-
nette de vieux point de Venise, un mouchoir
noir, un manteau gris effacé, une vieille jupe...
Elle paraît soixante ans ! » La coquette enragée,
transformée du jour au lendemain, devient
tout à coup une grande sainte, une Madeleine
repentante, un « vrai miroir de dévotion...
Elle aime autant le Créateur qu'elle aimait jadis
la créature ». Cette sainte d'ailleurs, à l'occasion, déchire à belles dents son prochain, d'une
méchanceté et « d'une noirceur comme quand
on a fait un pacte avec le diable et que le jour
approche de se livrer », toujours extrême en
tout, sans tact, sans mesure et sans nuance.

De sa liaison ancienne avec M. le Prince,
une fille était issue en 1668. Elle reçut

le nom de Julie, auquel, par anagramme d'Anguien, on ajouta celui de Guenani. L'enfant, délaissée par sa mère, fut élevée par l'ordre du prince dans l'abbaye de Maubuisson, près Pontoise, où une vieille religieuse, madame Fagon, tante du médecin de Louis XIV, prit soin de son éducation. Elle vécut là jusqu'à plus de vingt ans, parfois mandée auprès du prince à l'hôtel de Condé ou au château de Chantilly, puis, dit madame de Sévigné, « refichée » dans son monastère, en dépit des instances de madame la Princesse, qui s'était prise de gré pour cette enfant sans mère et la voulait garder près d'elle. Ce fut, quelques années plus tard, l'intervention de cette même protectrice qui obtint que le prince légitimât Julie[1] et la déclarât pour sa fille[2]. Elle quitta de ce jour son nom bizarre de Guenani et fut appelée, de l'une des terres de la famille, mademoiselle de Chateaubriand.

De sa double origine, la jeune fille, semble-t-il, avait également hérité les qualités et les défauts. De tournure noble et imposante, et

1. *Mémoires* du marquis de Sourches.
2. Lettres du Roi, de juin 1692.

charmante de visage sans être régulièrement
belle, avec un esprit vif, prime-sautier, prompt
à la riposte, elle se ressentait par malheur des
bizarreries de ceux qui l'avaient mise au monde ;
et sa réelle intelligence manquait de ce juste
équilibre, de ce grain de bon sens, faute duquel
les dons les plus rares restent trop souvent
sans profit. « Elle est, écrit encore madame de
Sévigné, vive, douce, complaisante, glorieuse,
et folle. » Madame de Maintenon, il est vrai, la
traite avec plus d'indulgence : « L'élève de
madame Fagon m'a paru fort aimable ; l'esprit
brille sur son visage ; elle est timide, et je l'en
estime davantage. Madame la Princesse la présenta au Roi dans ma chambre ; le cœur lui
battait. » Constatons en passant que cette ingrate
Julie, devenue marquise de Lassay, ne rendit
guère à madame de Maintenon la bienveillance
qu'elle avait reçue d'elle : comme son mari un
jour s'échauffait fort en sa présence à soutenir
la vertu de la vieille favorite : « Comment
faites-vous, monsieur, pour être si sûr de ces
choses-là ? » s'écria-t-elle d'un grand sang-froid,
à l'éclat de rire général.

Elle avait près de vingt-six ans lorsqu'elle

connut Lassay, lequel était alors dans sa quarante-troisième année. L'amour qu'elle lui inspire éclate en coup de foudre; nous savons au surplus que c'est sa méthode ordinaire. A peine a-t-il subi son charme qu'il ne peut plus se passer d'elle; il ne bouge plus de l'hôtel de Condé, ne songe plus qu'à la voir sans cesse ou à vivre au moins dans son ombre, néglige toutes les autres affaires pour s'adonner à cette unique passion. Quand la saison d'été les sépare pour quelques semaines, il envisage cette courte absence comme une espèce de · catastrophe, ajourne son départ à la dernière minute, dans l'attente du hasard heureux qui lui évitera cette épreuve : « Votre hôtel de Condé est le palais de l'incertitude, lui écrit-il la veille du jour fixé[1], et il me l'a communiquée. Je ne doutais pas hier matin que vous ne partiez pour aller à Chantilly, et moi pour aller au Mont-Canisy; aujourd'hui je ne sais plus ni ce que je crois ni ce que je ferai. Mes paquets et mes adieux sont faits; j'ai donné rendez-vous à un monsieur de Vaux à quinze

---

1. Collection Hanotaux.

lieues d'ici, où il m'attend demain à dîner,
avec toutes les poules et tous les notaires du
pays, pour signer un marché que j'ai fait avec
lui; et je suis persuadé présentement que le
marché ne sera pas signé, et que les notaires
mangeront les poules sans moi. Car, si vous
ne partez point, je ne partirai pas; et vous
réglerez mon voyage, aussi bien que ma vie... »

Julie s'éloigne cependant. Lui-même s'ins-
talle au château de Lassay [1], qu'il est alors en
train de restaurer et d'agrandir; et de ce moment s'inaugure une correspondance assidue
qui permet de suivre en détail les phases de ce
nouveau roman. Le tableau qu'il y trace de
sa vieille demeure familiale et de l'existence
qu'il y mène est d'une touche vive et colorée :
« Je suis ici dans un château au milieu des
bois, qui est si vieux qu'on dit dans le pays
que ce sont les fées qui l'ont bâti. Le jour je
me promène sous des hêtres, pareils à ceux
que Saint-Amand dépeint dans sa solitude; et
depuis six heures du soir que la nuit vient,

1. Dans le Bas-Maine. Forteresse datant du xiie siècle,
acquise en 1639 par les Madaillan (*Étude sur le château
de Lassay*, par le comte de Beauchêne).

jusqu'à minuit qui est l'heure où je me couche ; je suis tout seul dans une grosse tour, à plus de deux cents pas d'aucune créature vivante... Vous voulez, lui dit-il encore, que je vous rende compte de ce que je dis, de ce que je pense, et de ce que je fais. Le compte ne sera pas long. Premièrement, je ne parle point du tout ; pour penser, je pense beaucoup, mais c'est presque toujours à la même personne ; et je fais toujours la même chose : le matin, je demande de l'argent à des gens qui font tout ce qu'ils peuvent pour ne m'en pas donner ; l'après-dîner, je vais à la chasse dans un assez vilain pays ; le soir, je me renferme dans ma grosse tour, et je fais des châteaux en Espagne, dans lesquels vous entrez toujours... » Aux protestations tendres, aux brûlantes effusions dont sont remplies toutes les lettres qui suivent, Julie répond sur un ton analogue. Son imagination prend feu sur cette romanesque aventure ; cette fougue de sentiments impressionne un jeune cœur trop longtemps comprimé par la règle austère du couvent, par l'étiquette glaciale des Cours ; et elle ne cache pas à Lassay que sa flamme amoureuse est payée de retour. Elle ne peut s'empêcher, dit-elle, de dire à son ami tout ce qu'elle sent, tout ce qu'elle pense; et, si c'est un défaut, il faudra qu'il le lui pardonne. Elle ne saurait d'ailleurs vivre désormais loin de lui; toutes les « persécutions » du monde ne pourraient la résoudre à l'oublier jamais; elle le suivrait au besoin « jusqu'aux Indes », et s'estimerait heureuse, en cette douce compagnie, sous le toit d'une humble chaumière, et voire même « dans le creux d'un arbre ».

Rien ne l'expose, hâtons-nous de le dire, à ces extrémités cruelles; car les vues de Lassay ne vont qu'à un honnête mariage, dont il lui peint d'avance toutes les félicités : « Vous feriez tout mon bonheur, et je ferais tout le vôtre... Ni devoirs, ni contraintes, ni lettres à écrire, ni visites à rendre; vous n'auriez rien à faire qu'à vous laisser aimer, et à faire tout le jour votre volonté. » Promesses sincères sans doute, mais singulièrement imprudentes, et d'exécution difficile! Julie, à peine fiancée, voudra suivre à la lettre ce séduisant programme; et d'un premier malentendu découleront dans l'avenir les suites les plus fâcheuses. Pour le moment, les choses ne marchent pas si vite. « Madame la Princesse, dit Dangeau, les ducs de Bourbon et du Maine, et la demoiselle elle-même, paraissent fort souhaiter cette affaire ; mais M. le Prince n'est pas encore bien déterminé sur cela. » L'hésitation du prince ne dura guère moins de deux ans, avec des fluctuations incessantes. Un jour il consent au mariage ; à aucun prix, le jour d'après, il n'en veut entendre parler. Et ce sont ensuite des chicanes tant sur le rang et l'apport du fiancé que sur la dot de la future. Lassay en tombe malade de chagrin et d'ennui : « Faites que je vous aime moins, écrit-il à Julie, ou résolvez-vous à m'aimer si maigre, que je n'aurai plus que la peau et les os !... Ce n'est point, ajoute-t-il, la fille de M. le Prince que j'aime, c'est *vous* ; et plût à Dieu qu'il voulût nous dire promptement : « Hé bien, qu'ils s'épousent, s'ils » s'aiment, mais je ne leur veux rien donner. »

De hautes influences interviennent : madame de Maintenon la première, puis le Roi en personne, qui offre à M. le Prince de donner à Lassay, en l'honneur du mariage, la lieute-

nance générale de Bresse, estimée 135 000 livres [1]. Devant tant d'insistances et de si solides
arguments, le prince se laisse enfin fléchir; au
début de l'année 1696, il déclare publiquement
qu'il accepte Lassay pour gendre. « Ce mariage
tant désiré, tant promis, tant remis, écrit triom-
phalement madame de Maintenon, est enfin
conclu, à la satisfaction des deux amants! »
Cette dernière assertion est, hélas! excessive:
les lettres de ces mêmes amants y donnent un
triste démenti. Elles révèlent en effet un étrange
phénomène. Du jour où les fiançailles sont
officiellement proclamées, la future, naguère
si bouillante, se refroidit graduellement d'heure
en heure, et se montre aussi réservée qu'elle
était jadis expansive; soit qu'à voir de trop
près son adorateur grisonnant elle eût senti
fuir le prestige dont elle l'avait paré d'abord,
soit — comme il paraît plus probable — qu'elle
fût de cette race de rêveurs qui se passionnent
de loin pour les choses difficiles, et s'en dégoû-
tent promptement dès qu'elles deviennent réa-
lisables.

1. *Mémoires* du marquis de Sourches.

La tendresse de Lassay est trop sincère et trop profonde pour qu'il ne perçoive pas cette révolution intérieure ; il en éprouve dans le début un trouble mêlé de stupeur : « A mesure que mon goût augmente pour vous, gémit-il, il me semble que le vôtre diminue... Il y a une bizarrerie dans votre humeur à laquelle il est impossible de résister. Je ne sais plus comment vous êtes faite... Vous avez, lui dit-il encore, un défaut effroyable : c'est que, dès qu'on vous perd de vue, vous oubliez comme une épingle un pauvre homme qui, tout le jour, n'est occupé que de vous. » Puis, insensiblement, la lumière se fait dans son âme, et ses yeux dessillés voient clair au fond du cœur de sa volage amie : « Vous m'aimez moins depuis que nous sommes parvenus, après tant de temps et de peines, à ce que vous m'aviez paru souhaiter si ardemment. Vous me regardez déjà comme un mari ! Ce n'est point sous cette figure que je veux paraître à vos yeux. »

A mesure que le temps s'avance, sa désillusion s'accentue ; et, du bonheur rêvé, l'instant arrive enfin où il ne demande plus que la seule apparence : « Quoi ! s'écrie-t-il peu avant

le mariage, ce jour que nous avons tant désiré
vous fait peur! Ne laissez jamais voir cette
bizarre fantaisie à personne. Quels jugements
ne ferait-on pas de vous? Vous ne sauriez, à
l'heure qu'il est, trop faire voir que vous m'aimez, pour votre honneur et pour le mien! »
La veille même du grand jour, le dernier billet
qu'eut de lui cette infidèle avant la noce est
d'une mélancolie touchante et résignée : « Je
n'ai presque pas la force de vous écrire... Pour
me rendre heureux, il ne me fallait que vivre
avec vous et en être aimé. J'ai fait presque
l'impossible pour parvenir à cette félicité et,
après tant de peines et de souffrances, dans le
moment que je crois y toucher, je vois que
vous êtes changée. Il n'y a plus de bonheur
pour moi dans ce monde! »

La magnificence de la noce, qui, le 6 mars
1696, se fait à l'hôtel de Condé, forme un contraste douloureux avec les sentiments intimes
des deux intéressés. Chacun, dans le public,
envie l'heureuse chance des époux; l'illustration de l'assistance, la richesse de la dot, le
nombre des présents, la beauté des parures, le
luxe qui rehausse toute la cérémonie, sont un

objet d'admiration pour tous et de jalousie pour beaucoup; et nul ne se doute à coup sûr de l'amertume présente et des tristesses prochaines que couvre ce brillant décor. Ce que fut en effet une union célébrée sous de pareils auspices, il est aisé de se l'imaginer. « Je n'ai pas eu un moment de bonheur depuis », dira plus tard Lassay. « Il ne s'est pas passé un jour », si l'on en croit ses assurances, où il n'ait eu à constater que celle qu'il avait tant aimée « ne prenait aucune part à ce qui regardait son époux », qu'au lieu d'être pour lui une confidente et une amie, « ce qu'il avait pu croire sans chimère », elle n'était à vrai dire qu'une compagne de chaîne, indifférente toujours et souvent dédaigneuse. « Je vous laissai voir ma douleur, s'écrie-t-il, mais vous ne vîtes pas la millième partie de ce que je souffrais ! »

Sa déception est telle et lui cause une peine si aiguë, qu'elle tue presque la jalousie, à laquelle cependant il est naturellement enclin : « J'avouerai à ma honte, arrive-t-il à dire à sa femme, que je n'ai rien souffert, par comparaison, en voyant sans en pouvoir douter que

vous en aimiez d'autres, et que vous vous
jetiez à la tête de tous les jeunes gens. Quels
amants! Quels confidents! Que n'attendiez-vous
à trouver quelqu'un qui vous aimât autant que
je vous aimais? Au moins il aurait eu soin de
votre réputation! »

Julie, rendons-lui cette justice, suit avec
diligence ce conseil désintéressé et travaille à
se procurer un plus sérieux adorateur. Des
salons de l'époque, celui qu'elle fréquentait le
plus était celui de sa sœur, Anne-Bénédicte
de Bourbon, duchesse du Maine, de laquelle
Lassay, dans ses notes, trace un assez piquant
portrait : « Le corps et la raison de madame
la duchesse du Maine ont eu le même sort,
écrit-il; ils sont demeurés l'un et l'autre à
l'état où l'on est d'ordinaire à douze ans; et,
quoiqu'elle en ait vingt-neuf, c'est encore un
enfant, qui a véritablement beaucoup d'esprit,
mais qui est gâté comme sont les enfants qu'on
ne corrige point et à qui on souffre toutes leurs
fantaisies, ce qui les rend insupportables... »
En sa fameuse terre de Saint-Maur, elle tenait,
comme on sait, une cour galante et littéraire,
où se pressaient les beaux esprits du temps. Un

des plus à la mode était alors l'abbé de Chaulieu, écrivain agréable et versificateur adroit, homme du monde frotté de belles-lettres plutôt qu'auteur de profession, apprécié par les dames comme « le poète de la bonne compagnie », et qui, de belle figure et de manières galantes, gardait, bien que sexagénaire, « la coquetterie d'une femme et l'imagination d'un jeune homme de vingt ans[1] ». La marquise de Lassay entreprit cette conquête et la réussit sans grande peine. Il devint son souffre-douleur et son soupirant patenté. Désormais la muse de Chaulieu ne chante plus guère que pour Julie; et c'est comme une pluie incessante d'odes et de madrigaux, de sonnets, de chansons, de « bouquets » poétiques et de billets en vers, où, sous la mièvrerie habituelle du langage, perce parfois l'accent d'un sentiment sincère :

> Devenu constant et fidèle,
> Mon cœur brûle pour vous d'une ardeur éternelle;
> Et, livré tout entier à qui sut le charmer,
> Il sert encore un Dieu, qu'il n'ose plus nommer!

1. *Mémoires* du maréchal de Richelieu.

10.

Le monde couvrit d'un regard indulgent
cette flamme discrète et peut-être innocente;
Lassay, de son côté, prit son parti en philosophe d'une situation délicate : « Je tiendrai
ma parole, écrit-il à sa femme, je vous laisserai une liberté entière; c'est tout ce que je
puis faire pour vous... Je me flatte que le
monde, en me voyant agir avec vous d'une
manière froide et honnête, aura peut-être
moins de sujet de se moquer de moi. Adieu,
madame, je renonce pour jamais au plaisir de
vivre avec vous et d'en être aimé. » Sa conduite en effet fut d'accord avec ses paroles, et
la séparation se fit à petit bruit et sans scandale. La marquise de Lassay mit à profit sa
liberté pour donner cours à son extravagance,
et quand, en mars 1710, elle mourut à
quarante-trois ans, elle était, assure Saint-
Simon, « à demi folle » depuis plusieurs
années.

V

Comme après la mort de Marianne, ce nouveau deuil est pour Lassay l'occasion d'une période de recueillement et de retraite. Mais combien différente est sa disposition d'âme! Au lieu du désespoir, de l'accablement résigné, c'est le dégoût, c'est l'écœurement, c'est la misanthropie légère et passagère de ceux qui, ayant trop demandé à la vie, lui gardent un moment rancune d'avoir mal rempli leur attente. Il mène à la campagne une existence fort retirée, et distrait ses loisirs à confier au papier ses réflexions et ses pensées, à soulager son âme en boutades ironiques, à aiguiser contre le genre humain de piquantes épigrammes. C'est alors qu'il écrit, si l'on en croit Chamfort, qu'il faudrait « avaler un crapaud chaque matin, pour ne trouver plus rien de dégoûtant tout le reste de la journée, quand on doit la passer dans le monde ». A quelqu'un qui s'étonne de son goût pour la solitude : « Il faut diablement aimer ses amis pour les voir! » répond-il avec amertume. « L'usage du monde, dit-il encore, corrompt le cœur et perfectionne l'esprit. » Dans ce dénigrement général, il malmène spécialement les princes; le commerce de son beau-père, de ses belles-sœurs et de sa femme ne lui laisse, à vrai dire, que des souvenirs peu engageants; et sa méchante humeur s'en prend à l'espèce tout entière : « Il n'y en a point, prétend-il, à qui on puisse dire la vérité, et on sent qu'ils ne nous aiment pas assez pour qu'on hasarde de leur déplaire. Si bien qu'on leur parle toujours comme à des malades; chacun cherche à leur dire des choses agréables, et tout le monde les gâte. » Enfin des princes il passe aux femmes, et c'est ici que sa rancune se donnera librement carrière. Sur ce sujet il est inépuisable; il dit d'elles tout le mal qu'en disent les gens qui les ont trop aimées, qui ont souffert de cet amour, et dont le seul désir est au fond d'en souffrir encore. Il ne leur reconnaît d'autre vertu que la beauté, d'autre utilité que de plaire : « Elles ne sont nées, dit-il, que pour l'amour ; c'est la seule passion qui leur convienne ; et quand il se trouve des femmes qui en ont d'autres, elles sont ordinairement fort méchantes. » Aussi ont-elles « grande raison », selon lui, « d'être folles de leur beauté ; elle fait quasiment tout leur mérite, et elles ne sont plus bonnes à rien, dès qu'elles cessent d'être aimables ».

Par une ironie du destin, Lassay, lorsqu'il traçait ces lignes injustement cruelles, était, sans s'en douter, à la veille d'y donner le plus éclatant démenti, en s'attachant, d'une forte et durable tendresse, à une femme sans beauté, sans fraîcheur, sans esprit brillant, dont tout le charme était fait de bonté, de douceur, de droiture et d'inlassable dévouement. Cette liaison marque une phase nouvelle dans l'existence sentimentale du héros de notre récit. Après l'amour ardent et pur de son printemps, après la passion orageuse de sa maturité, il lui reste à connaître les joies que peut offrir, en la saison d'automne, un attachement paisible

et grave, l'aimable intimité de deux cœurs
honnêtes et confiants, résolus à mettre en
commun les plaisirs et les peines de leurs
dernières années. « Je connais mieux que personne le prix de l'amitié, avait jadis écrit
Lassay ; cependant je n'ai pas eu d'amis, et il
y a grande apparence que je mourrai sans en
avoir. » Cette amitié consolatrice, sa bonne
étoile la lui donna aux approches de la
soixantaine, une amitié sans doute qui se
ressent un peu de sa tournure d'esprit et qui
emprunte parfois, par une vieille habitude, le
langage fleuri de l'amour, mais dépouillée
pourtant de tout élément destructeur, et telle
qu'elle peut convenir à un homme de son âge,
qui veut fuir à la fois la souffrance et le
ridicule.

Nièce du grand Colbert et sœur du marquis
de Torcy, — qui fut, au déclin du régime de
Louis XIV, ministre des affaires étrangères —
la marquise de Bouzoles [1] était dans sa seconde
jeunesse quand elle se lia avec Lassay. Il

---

1. Marie-Françoise de Colbert de Croissy, mariée le
13 mai 1696 à Joachim de Montaigu, marquis de Bouzoles,
lieutenant général.

l'avait connue tout enfant dans la maison de sa
mère, madame de Colbert de Croissy. Il la
rencontra en visite, trente ans plus tard, à l'hôtel
de Bourbon et causa longuement avec elle.
Il reçut peu de jours après un portrait écrit à
la plume, selon la mode du temps, auquel était
joint cet en-tête : « Portrait de M. le marquis
de Lassay par madame de X., qui se fera
connaître si elle apprend que M. de Lassay soit
content de son portrait. » La peinture, comme
on pense, était des plus flatteuses; Lassay en
fut charmé, et ne se priva pas de le dire. La
dame tint sa promesse, dévoila son incognito;
il répondit en termes enthousiastes, et ce fut
le point de départ de leur longue familiarité.

Ce que l'on peut savoir de madame de
Bouzoles la fait imaginer comme une femme
d'aspect ordinaire, plutôt laide que jolie, d'un
esprit calme et raisonnable, foncièrement
bonne et s'oubliant toujours pour ne songer
qu'à ceux qu'elle aime, bref en tout l'opposé
de cette extravagante Julie; et ce contraste
même explique l'attrait qu'elle exerça sur
lui. « Arrangez votre vie de façon que nous la
puissions passer ensemble », lui écrit-il dès le

début. L'étrange indépendance que laissait à sa femme un mari toujours absent et d'une complète indifférence permit à madame de Bouzoles de réaliser ce programme. Sauf de courts voyages de Lassay, pas une journée, pendant douze ans, ne s'écoula sans qu'ils se vissent. « Je crains beaucoup le froid, lui écrit-il déjà vieux et cassé, mais je crains encore plus de ne pas vous voir. Avec mille occupations, je ne saurais attraper la fin de la journée, et avec une seule elle me paraît si courte! » Si par hasard ils sont séparés quelques jours, ce sont des lettres quotidiennes. « Je ne suis occupé que de vous, lui mande-t-il lors de sa première absence, de votre santé, de tout ce qui peut vous être bon; connaissez bien le prix d'un attachement si parfait!... Ne vous accoutumez pas à vous passer de votre Lassay, qui est en vérité un bon Lassay. Si vous le perdiez, vous n'en trouveriez jamais un pareil! »

Le ton de cette correspondance diffère, ainsi qu'on voit, de ce que jusqu'alors nous avions trouvé sous sa plume. Il est plus dégagé, plus libre, plus enjoué, d'une gaieté douce et fami-

lière, où l'on sent le changement qui s'est opéré
dans son âme. Un jour qu'elle est restée deux
ou trois postes sans répondre, il la reprend
ainsi de ce silence inhabituel : « Voici comme
je raisonne : si ma Bouzoles était malade, cer-
tainement mademoiselle Dupré (sa demoiselle
de compagnie) me l'aurait mandé; si elle était
lasse de moi, elle me dirait encore quelque
petit mot par honnêteté; si elle en aimait un
autre, elle m'écrirait pour me tromper; si elle
ne recevait pas mes lettres, elle s'en plaindrait.
Il faut donc que le diable s'en mêle, et qu'elle
soit possédée de quelque démon muet! »

Une autre lettre du même temps cherche à
divertir son amie par le piquant récit d'une de
ses soirées de province : « Une dame de mes
voisines, un peu sur le retour, mais qui est
encore fort galante et bien fardée, me pria à
souper avec une compagnie qu'elle avait choisie
exprès pour moi. Après le souper, qui fut assez
bon — parce qu'il est difficile d'en faire de mauvais dans ce pays-ci, surtout à un homme qui
ne boit que de l'eau — elle me fit entendre
qu'elle savait jouer de plusieurs instruments...
Aussitôt elle entra dans son cabinet, et en

ressortit dans le moment avec une vieille basse
de viole, qu'elle se mit entre les jambes, et
commença à jouer tant bien que mal toutes
sortes d'airs ; après qu'elle en eut joué quelque
temps, elle rentra dans ce même cabinet, et
parut ensuite avec un luth où il manquait
quelques cordes, ce qui ne l'empêcha pas de
s'en servir, et de marier sa voix avec le luth ;
je croyais la musique finie et me préparais
à prendre congé d'elle, mais cette dame, qui
savait encore bien des choses, ressortit dansant
une sarabande avec une guitare pendue à son
côté, puis elle prit un tambour de basque et,
animant sa danse, se mit à faire des sauts fort
surprenants. Et après cela elle finit par me
dire des vers qu'elle avait faits pour moi. Je
vous les envoie, madame, et vous jugerez de
leur bonté. Voilà un récit fidèle de la partie de
plaisir d'hier ! » Cette belle sérénité d'humeur
n'exclut pas la note attendrie : « Je suis ici,
lui écrit-il d'une de ses terres de Normandie,
dans un lieu que j'aime, et qui est effectivement d'une beauté surprenante dans cette saison.
On n'y est point incommodé du chaud ; l'air y
est pur et parfumé ; le bord de la mer, les

pelouses, les champs, tout y est promenade et nous fait voir des objets admirables; tout ce qu'on y mange est bon, et ne se mange point ailleurs. Enfin il n'y manque que ma chère Bouzoles... Mais elle n'y est pas et je me presse d'en partir. » Chaque année qui s'écoule ajoute à leur mutuelle tendresse, car le temps fortifie ce qu'il ne peut détruire. « Adieu, ma chère Bouzoles, je vous aime, je vous aime, c'est mon cœur qui vous le dit! » C'est par ces mots que se termine sa dernière lettre à son amie, en 1724. Elle avait plus de cinquante ans; lui-même en avait soixante-douze.

Elle tomba malade peu après; et, malgré l'assurance des médecins et des chirurgiens, Lassay pas un instant ne se fit illusion sur la gravité de son mal. « Elle est toujours entre la vie et la mort, mande-t-il à la duchesse de Bourbon. Helvétius publiait qu'elle était mieux, parce qu'il avait envie de s'en aller. Mais nous sommes, elle et moi, dans un pitoyable état. » Continuellement à son chevet, il la veille nuit et jour, lui prodigue les soins les plus tendres, s'occupe, à l'heure voulue, de lui faire recevoir les derniers sacrements; c'est entre ses bras

qu'elle expire, douce et souriante jusqu'au
souffle suprême.

> La mort seule les sépara.
> Leur amitié tendre et fidèle
> Aux amants un jour servira
> Ou de reproche ou de modèle.

Ces vers, composés par Lassay pour servir
d'épitaphe à sa dévouée compagne, résument
avec une concise éloquence ce touchant épisode
du déclin de sa vie.

V

« Je suis un exemple que l'on ne meurt point
de douleur », avait-il dit à la mort de Marianne.
Il aurait pu le répéter après la mort de madame
de Bouzoles. Ce n'est pas qu'il n'éprouve un
violent chagrin. « Elle a fini sa carrière,
gémit-il mélancoliquement, et j'achève douloureusement la mienne. Il n'y a personne sur la
terre que j'aie peine à quitter, ni qui m'y
regrette quand je n'y serai plus. Je n'ai plus
que des *connaissances*... Mon unique consolation est de penser que j'ai soixante-douze ans
passés, et que je ne peux plus demeurer longtemps dans cette affreuse solitude. » Ce qu'il
exprime ainsi, nul doute qu'il ne le sente dans
le plus profond de son cœur; mais, quatorze
ans plus tard, il n'est pas moins sincère quand

il écrit à son médecin : « Je vais vous dire franchement ce que je pense dans ma quatre-vingt-sixième année. Je sais que la farine est mangée, et qu'il ne me reste que du son. Je crains pourtant de perdre ce son; je souhaite qu'il plaise à Dieu de me le conserver; et j'étaie ma vieille machine tout de mon mieux. » Cette « vieille machine » d'ailleurs demeure étonnamment solide : « J'ai de bons yeux et de bonnes oreilles, assure-t-il à la même époque, l'esprit et le jugement aussi sains et aussi entiers qu'à cinquante ans; je digère bien, je dors bien, je ne sens aucun mal. »

Si son corps est robuste et son esprit présent, son cœur, son imagination gardent aussi quelque jeunesse. Non certes qu'il prétende se survivre à lui-même et donne — comme tant d'autres, hélas! — le spectacle affligeant des passions surannées. Mais, pour emprunter le langage de la reine Marie Leczynska, il ressemble à ces « vieux cochers » qui, trop cassés pour monter sur le siège, aiment encore « le claquement du fouet ». Il se complaît dans ses amours passées, et s'intéresse à celles des autres. Il recherche, en vieillard galant, la

société, l'entretien des jeunes femmes, pro-
voque leurs confidences, se constitue, pour
toutes les choses du cœur, leur guide discret
et leur directeur spirituel. Dans les derniers
temps de sa vie, il tient école de galanterie
mondaine, devient, qu'on me passe l'expression,
une manière d'amoureux consultant, ferré sur
la jurisprudence et subtil dans la casuistique.
Les belles dames, les jeunes filles parfois, lui
soumettent des cas de conscience, et lui demandent conseil avant de se risquer en de sentimentales aventures; Lassay donne gravement
son avis, disserte *ex professo* sur ces matières
délicates, et fait profiter les novices de sa
longue expérience.

C'est ainsi que l'on a quelques lettres de lui
« à une fille de condition qui avait trouvé en
son chemin un homme fort aimable » et qui
était tentée d'écouter ses propos, à « une femme
dont l'amant avait été tué à la guerre et qui
commençait à en aimer un autre », enfin un
code complet à l'usage des jeunes débutantes.

Cet intérêt qu'il prend aux sentiments d'autrui ne lui fait point d'ailleurs oublier les siens
propres. A chaque ligne, dans ses écrits, sur-

gissent les noms de celles qui tantôt ont troublé et tantôt ont charmé sa vie. Tous les matins et tous les soirs, il récite à leur intention une prière qu'il a composée, où il invoque les trois qu'il a le plus aimées : « Ma chère Marianne, ma chère Julie, ma chère Bouzoles, priez mon Dieu pour moi. Être des Êtres, ayez pitié de ces chères femmes, et faites-moi la grâce de les revoir quand j'aurai accompli les jours que vous voulez que je passe sur la terre. »

En attendant cette joie suprême, son dernier bonheur en ce monde lui vint, par un juste retour, de ce même sexe auquel il s'était donné sans réserve. Abandonné par ses enfants, presque étranger à sa famille, il trouva, plus qu'octogénaire, une compagne de ses vieux ans, une bienfaisante consolatrice. Une chanoinesse de Remiremont, qu'on appelait madame de Saint-Just, vieille fille « fort âgée et fort laide [1] », qu'il avait rencontrée jadis, consentit à quitter, pour vivre auprès de lui, sa belle prébende et sa retraite dorée. Jusqu'à son dernier jour, elle lui tint fidèle compagnie,

1. *Journal* de Luynes.

avec une telle assiduité que beaucoup les croyaient mariés. Il n'en était rien cependant; soit que Lassay craignît, à quatre-vingts ans bien sonnés, le ridicule d'un quatrième mariage, soit qu'elle-même aimât mieux se dévouer de plein gré qu'obéir aux devoirs de l'union conjugale. Elle l'appelait en riant son « maillot », nous dit encore le duc de Luynes, et « avait soin de lui comme une garde aurait pu faire ». Lassay, de son côté, lui témoignait une tendre gratitude, qui, par une pente invétérée, prenait parfois encore des airs de galanterie. « Une belle marque que je radote, écrit-il, c'est que je deviens poète à quatre-vingt-quatre ans passés, et que je fais des vers sans en savoir la première règle. » Ces vers, on le devine, sont pour la chanoinesse :

Vous faites, ma Saint-Just, le bonheur de ma vie,
Vous rendez mon hiver plus doux que le printemps...

Je fais grâce au lecteur de cet essai tardif, plus riche de cœur que de talent, et fait pour ôter tout regret qu'il n'ait pas débuté plus jeune.

Le marquis de Lassay s'éteignit doucement à Paris, le 21 février 1738, dans sa quatre-

vingt-septième année. Depuis longtemps retiré
des affaires, n'ayant point d'envieux ni d'ennemis, et la plupart de ses amis l'ayant pré-
cédé dans la tombe, la fin discrète de ce vieillard aimable ne produisit que peu d'émotion
dans le monde. Le Roi craignit pourtant l'effet
de cette nouvelle sur son premier ministre, le
vieux cardinal de Fleury, contemporain du marquis de Lassay et lié avec lui de longue date,
et voulut qu'on la lui cachât[1]. Cet ordre fut
suivi ; mais, à quelques semaines de là, le jeune
duc de Brancas vint à l'audience de M. de
Fleury avec une croix du Saint-Esprit enrichie
de diamants, qu'il avait achetée récemment de
la succession de Lassay. Le cardinal, « en
badinant », complimenta Brancas sur la beauté
de ce bijou ; et M. de Maurepas, présent à l'entretien, eut un moment de distraction : « C'est
la croix de Lassay le père, s'écria-t il étour-
diment. — Quoi, dit le cardinal, Lassay vend
donc ses nippes? Et comment est-il? M. le curé
est-il content de lui? » Un silence fort embarrassé
répondit seul à ces questions, et le Roi, mis au

1. *Journal* de Luynes, du 2 avril 1738.

fait, jugea qu'il était nécessaire d'instruire le
cardinal de la mort de son vieil ami. L'impression fut tout autre que ce qu'on attendait :
« Pourquoi ne me l'avoir pas dit plus tôt?
demanda le vieillard d'un ton de surprise. Il
était plus âgé que moi. » Ce fut toute l'orai-
son funèbre.

Il fut sans doute un temps où Lassay en eût
rêvé d'autre. Quelques années avant sa fin, il
avait, dans une note intime, dressé comme
l'inventaire de sa longue existence, et l'avait
trouvée un peu vide. « Je m'en irai sans avoir
déballé ma marchandise, conclut-il mélancoliquement; et, comme on ne m'a jamais mis en
œuvre, on ne saura point si j'étais propre à
quelque chose. » Il se croyait, au fond, apte
aux plus grands emplois et, dans un accès de
franchise, s'était même un jour échappé à écrire
cette phrase surprenante, justement raillée par
Voltaire[1] : « J'ai pensé bien des fois, fort extra-
vagamment, que, de toutes les charges qui sont
dans un royaume, celle de roi serait celle dont
je serais le plus capable. » Posséda-t-il vraiment

1. Dans ses *Dialogues d'Évhémère.*

des talents inutilisés? Eût-il été, si les circonstances l'eussent voulu, un habile homme de
guerre, un remarquable diplomate, un ministre
éminent — ou tout simplement un bon roi?
C'est une question difficile à résoudre, et plus
oiseuse encore que difficile. Pourtant il semble,
à première vue, qu'il ait rempli la vraie carrière à laquelle, en le formant, l'avait destiné
la nature, celle de héros de roman, d'aventurier
sentimental, transportant dans la vie réelle les
fictions habituelles de la littérature.

De quinze jusqu'à soixante-quinze ans, aimer
et être aimé fut son étude et sa fonction, l'objet
de ses efforts, et le grand ressort de sa vie. Il
aima les femmes dévotement, et comme il leur
plaît d'être aimées, non en viveur, en libertin,
en homme à bonnes fortunes, tel qu'un Fronsac
ou un Lauzun, mais en amoureux convaincu,
fervent, candide et désintéressé. Que ce soit là,
pour toute une existence, un but un peu restreint, et qu'à l'activité humaine il convienne
d'assigner un idéal plus haut, un plus large
horizon, je me garderai bien certes d'y contre-
dire. Mais des faiblesses des hommes, celle-là
reste du moins une des plus excusables. Dans

tous les cas, elle valut à Lassay la sympathie
souriante de ses contemporaines ; et peut-être à
présent encore le fera-t-elle bénéficier d'un
regain d'indulgence de la part des lectrices qui,
deux siècles plus tard, auront jeté les yeux sur
ce léger croquis.

UN

GRAND HOMME DE SALONS

SOURCES PRINCIPALES

Correspondance inédite du comte de Guibert. — *Œuvres complètes* du même, publiées par sa veuve. — *Correspondances* de Grimm, de Bachaumont, de Métra, etc. — *Lettres* de mademoiselle de Lespinasse, etc.

Ce fut sans doute une âme aigrie, désenchantée, imprégnée d'amertume, que celle du philosophe qui le premier formula cette prière : « Seigneur, je vous demande de me garder de mes amis. Quant à mes ennemis, je m'en charge! » Si injuste et cruel qu'il semble, il est un cas pourtant où l'on excuserait volontiers ce vœu blasphématoire : c'est lorsqu'on voit et qu'on entend le bruyant cortège d'empressés, de prôneurs et d'admirateurs qui entourent une jeune gloire naissante, saturant l'air d'un nuage épais d'encens, prodiguant à pleines coupes le vin capiteux et perfide des louanges outrées, des adulations sans mesure, et couvrant du fracas de leurs applaudissements les voix plus sages et plus pru-

dentes qui prêchent la patience, le travail et
l'effort constant vers le mieux. Pour un cœur
sainement ambitieux, épris de vraie grandeur,
nul péril n'est plus redoutable que le succès
facile et la notoriété précoce, par le penchant
qu'ils favorisent à se satisfaire aisément, à se
croire arrivé au but dès les premiers pas du
voyage, à se persuader que l'étude, le perpétuel recommencement sont le fait des esprits
médiocres; comme si rien de solide s'édifiait
sans labeur, comme si le génie même pouvait
se passer de talent! Au surplus, la postérité a
coutume d'être impitoyable pour ces renom-
mées trop hâtives; d'un geste dédaigneux, elle
jette à bas la statue du grand homme, sans se
soucier d'une exacte équité dans cette exécution sommaire. Il semble qu'elle se croie dis-
pensée de justice envers ceux qui, de leur
vivant, ont goûté prématurément les ivresses
de la gloire, qui ont été, si l'on peut dire,
payés comptant par leurs contemporains.

De cette loi quasi générale, l'exemple du
comte de Guibert est entre tous instructif et
frappant. Nul homme peut-être, au matin de
la vie, n'aperçut devant soi une route plus

lumineuse et plus parsemée de lauriers ; nul ne vit ses premiers essais salués par des acclamations plus sonores et plus unanimes. « Il s'élance vers la gloire par tous les chemins ! » s'écriait le Grand Frédéric. « Je ne sais s'il sera un Corneille ou un Turenne, mais il me paraît fait pour le grand, en quelque genre qu'il travaille », dira, dans le même temps, le patriarche de Ferney. C'est de la même façon que s'exprimera, dès les premières rencontres, Julie de Lespinasse : « Il y a des noms faits pour l'Histoire ; le vôtre excitera l'admiration. » Et quelques mois plus tard, quand elle l'a connu de plus près : « Diderot, répétera-t-elle encore, dit que la nature, en formant un homme de génie, lui secoue le flambeau sur la tête, en lui disant : *Sois grand homme, et sois malheureux.* Voilà justement ce qu'elle a prononcé le jour où vous êtes né. » Aucun, pour ainsi dire, de ses contemporains — fût-ce même parmi ses détracteurs — n'use en parlant de lui d'un autre mot que celui de génie. C'est l'expression courante dans les articles des gazettes comme dans les causeries des salons, chez les critiques de profession comme parmi les gens

du grand monde. Et lui-même, disons-le, n'a
jamais, jusqu'au dernier jour, douté de la fortune qui lui est réservée. Le souci de la gloire,
sous sa forme la plus élevée, le hante, l'obsède,
et domine en son cœur tout autre sentiment.
Également insoucieux des bravos du public,
du suffrage des confrères, du sourire attendri
des femmes, il marche vers l'avenir, les yeux
obstinément fixés sur le temple idéal où sont
gravés les noms des héros de l'Humanité.

Ce qu'il est advenu de ces espoirs et de ces
rêves, est-il nécessaire de le dire? Si les lettres
connaissent encore son nom, l'oubli, comme
un linceul, s'est étendu peu à peu sur son
œuvre. A peine le silence de sa tombe est-il
troublé de loin en loin par la raillerie ou l'invective de ceux qui prétendent de la sorte
venger de ses dédains sa plus fidèle admira-
trice, l'exquise et malheureuse Julie de Lespinasse. C'est ainsi que Sainte-Beuve égratigne
en passant, du bout acéré de sa plume, la
mémoire du « jeune colonel pour lequel toute
la société d'alors s'était mise en frais d'enthousiasme », du « héros avorté » dont, dit-il,
« la spécialité fut d'avoir du génie ». Ou bien

c'est Jules Janin dont la main plus brutale verse lourdement sur Guibert une hottée d'épithètes injurieuses : « Esprit médiocre, mauvais poète, écrivain de régiment, ambitieux de boudoir », etc. ; je me crois dispensé d'insister sur ces gentillesses.

Entre l'enthousiasme d'antan et le dénigrement ou l'indifférence d'aujourd'hui, la distance est si grande, qu'il m'a paru intéressant de préciser les causes et les circonstances de cette chute, de reviser, en quelque sorte, les pièces de ce procès, ou — pour parler d'un ton moins ambitieux — d'exposer simplement, en quelques courtes pages, ce petit épisode de l'histoire littéraire, laissant à mes lecteurs le soin d'en tirer la morale.

I

Jacques-Antoine-Hippolyte de Guibert naquit
à Montauban, le 11 novembre 1743, d'une
famille noble et militaire. Il n'avait que treize
ans et demi lorsque son père, major général
dans l'armée du maréchal de Broglie, le mandait près de lui et le jetait sur les champs de
bataille. Il eut d'abord une compagnie au régiment d'Auvergne, où se trouvait alors le chevalier d'Assas, puis fut aide de camp de son
père. Il prit une part active aux trois dernières
campagnes de la guerre de Sept-Ans, assista
aux batailles de Rosbach, de Minden, à l'affaire
de Bergen, où il eut deux chevaux tués sous
lui. La paix conclue, il passe en Corse; il y
guerroie quelques années, avec le maréchal de
Vaux, et se distingue si bien au combat de

Ponte-Nuovo, qu'il est fait colonel, puis commandant de la Légion corse. A la fin de l'année 1769, lorsqu'il revient en France et se fixe à Paris, il compte vingt-six ans d'âge et douze ans de services. Je ne donne point d'ailleurs ce qui précède pour extraordinaire. Tel était l'habituel emploi des années de jeunesse, en un temps réputé frivole, et dans une classe de la nation que l'on représente comme oisive.

Guibert, à ce moment, n'avait donc encore guère de titre à l'attention de ses contemporains. Il n'est pourtant pas un de ceux qui l'approchaient qui ne tînt pour certain qu'il fût marqué pour de hautes destinées. « Il ne ressemble à personne »; cette phrase vient naturellement sous la plume des gens qui, pour la première fois, se trouvent en sa présence. Non que son extérieur eût, au premier aspect, rien qui frappât ou charmât le regard. Sa stature était peu élevée, son visage était sans beauté; mais le front vaste était lourd de pensées; le masque mobile, frémissant, se revêtait, à la moindre émotion, d'une expression inoubliable; les yeux, fortement enchâssés, brûlaient d'une flamme ardente; et de sa bouche, aux lèvres charnues et robustes, jaillissaient, comme un flot sonore, d'éloquentes improvisations, riches d'idées généreuses, de poétiques images, de formules neuves et saisissantes[1]. Personne ne résistait à l'ascendant de ce verbe magique, à la contagion de ce feu qui semblait éclairer toutes les profondeurs de son être et révéler à ceux qui l'écoutaient tous les replis de sa pensée. « Son âme, s'écrie Julie de Lespinasse, se peint dans tout ce qu'il dit! » Madame de Staël, bon juge en la matière, dans un portrait qu'elle trace au lendemain de la mort de Guibert, apporte le même témoignage : « Sa conversation était la plus variée, la plus animée, la plus féconde que j'aie jamais connue... Il avait des pensées nouvelles sur chaque objet, un intérêt habituel pour tous. Dans le monde, ou seul avec vous, dans quelque disposition d'âme qu'il fût ou que vous fussiez,

---

1. « J'aime les gens qui ne se montrent qu'à mesure — écrit Guibert dans une de ses notes de voyages — et dont la conversation s'anime par degrés. Ils font toujours plus d'impression. Un trait, une réflexion, qui jaillit au milieu de leur silence, produit l'effet d'un coup de lumière dans un tableau. J'envierais ce genre, mais il faut conserver le sien; et moi, je suis tout de mouvement. Je ne prépare rien; je ne sais que me taire ou m'épancher. »

le mouvement de son esprit ne s'arrêtait point ;
il le communiquait infailliblement. » Et, quelques pages plus loin, revenant sur le même
sujet, elle dévoile, d'un mot pénétrant, le secret
de sa séduction : « Son âme entière, écrit-elle,
vous appartenait en vous parlant ! »

Cette flamme expansive et fougueuse, par
une contradiction moins rare que l'on ne pense,
ne sortait pourtant pas d'un cœur vraiment
tendre et sensible. « Dans l'ordre des sentiments, remarque justement Sainte-Beuve[1], il
avait le mouvement, le tumulte et le fracas de
la passion, mais non la chaleur. » Son imagination était plus ardente que son âme ; et les
idées l'occupaient trop, pour que l'amour ou
l'amitié pût intéresser fortement un cerveau
toujours obsédé de rêves, de théories et de
spéculations abstraites. « Il était distrait des
autres par sa pensée, et peut-être aussi par
lui-même », assure madame de Staël, non sans
un soupçon de malice. La correspondance
publiée de mademoiselle de Lespinasse n'est
qu'une longue plainte, tantôt douce et tantôt

1. Notice sur mademoiselle de Lespinasse (*Causeries du
lundi*).

amère, sur la froideur inconsciente et foncière
de celui qu'elle aima, comme elle le dit elle-
même, avec des « transports convulsifs », qu'elle
aima jusqu'à en mourir, détruite et ravagée
par ce feu dévorant. « Vous savez bien, lui
écrit-elle un jour, que nous sommes convenus
que la sensibilité était le partage de la médiocrité, et votre caractère vous commande d'être
grand; vos talents vous condamnent à la célébrité. Vous n'êtes point fait pour cette vie
douce et intérieure qu'exigent la tendresse et
le sentiment... Oui, je le répète, vous n'avez
pas besoin d'être aimé, insiste-t-elle avec plus
d'amertume à la veille de sa mort. Tout ce qui
est de suite vous est impossible; votre cœur est
passionné, mais il ne connaît pas la tendresse. »

Cette indifférence, au surplus, bien loin de
nuire à ses conquêtes, ne fait que lui attacher
davantage le cœur de ses adoratrices. Les
femmes sont, on le sait, coutumières de cet
illogisme; elles sont enclines à préférer qui se
refuse à qui se donne; dédaigner leur tendresse
est, pour certaines d'entre elles, un sûr moyen
de la fixer. Il est de fait que, de son temps,
peu d'hommes furent plus aimés que le comte

de Guibert. Sans parler même de sa plus illustre victime, la liste serait longue de celles qui
s'acharnèrent à souffrir pour cet insensible. Si
fort fut son prestige, qu'il résista victorieusement à la rude épreuve du mariage : sa femme[1]
l'aima, dès le jour de ses noces, avec une ardeur
passionnée, vécut vingt-cinq années en extase
devant lui, pardonna ses écarts avec une
patiente indulgence et, quand elle l'eut perdu,
dévoua le reste de sa vie à lui dresser un pié-
destal pour la postérité.

Les dons supérieurs de Guibert justifiaient,
convenons-en, ce culte admiratif. A la merveilleuse éloquence dont j'ai parlé plus haut, il joignait une rare énergie, une activité prodigieuse,
une puissance de travail qui lui permettait de
faire face, sans nuire à ses plaisirs mondains, aux
plus dures et austères besognes, une promptitude
d'esprit, une sûreté de mémoire, dont ses contemporains citent des preuves vraiment singulières. « Son coup d'œil, écrit l'un, était d'une
justesse et d'une rapidité inouïes ; il jugeait d'un

1. Alexandrine-Louise Boutinon des Hays de Courcelles.
Le mariage eut lieu le 1er juin 1775. La mariée avait à
peine dix-sept ans.

regard le nombre d'hommes dont se composait une troupe, le nombre de volumes qui se trouvaient dans une bibliothèque. » — « Il ouvre un livre, assure un autre, et, en y jetant un coup d'œil plus rapide que l'éclair, il retient jusqu'à six lignes mot à mot. » Lui met-on sous les yeux quelque volume de vers, le livre refermé, il en cite une demi-douzaine, puis dit immédiatement « combien il y a de mots, de syllabes et de lettres » dans chacun des vers retenus. Il fait, certain soir, le pari de lire dans la même nuit cinq tomes d'un ouvrage fort abstrait, et le lendemain matin il en apporte une analyse aussi exacte que complète[1].

Tel était le comte de Guibert lorsque, au sortir de la première jeunesse, il disait adieu pour un temps à la carrière active des armes, et cherchait dans une voie nouvelle l'emploi de ses surprenantes facultés. Tout semblait faire prévoir une longue période de paix. Les nations, épuisées par la guerre de Sept-Ans, n'aspiraient qu'au repos; la France, plus que

1. *Notice sur Guibert*, par le général Bardin; *Correspondance* de Grimm, etc.

toute autre, sentait le besoin impérieux de refaire à loisir ses armées décimées et son trésor à sec. Jamais pourtant les questions militaires n'avaient aussi vivement passionné les esprits. Les victoires du Grand Frédéric et les méthodes de guerre inaugurées par son génie bouleversaient les idées anciennes, faisaient germer dans les cervelles des velléités de progrès, de réformes, d'innovations. On parlait avec dérision des vieilles routines et des traditions surannées jusqu'alors pieusement conservées dans notre arsenal militaire, et dont les écrivains du temps rapportent des traits surprenants.

Croirait-on, en effet, qu'à la fin du règne de Louis XV, trente ans à peine avant Napoléon, la cavalerie, d'après les règlements, n'avait droit de charger qu'au trot, que l'infanterie, au plus fort d'un combat, ne marchait qu'au pas cadencé, qu'en temps de paix jamais les troupes ne tiraient à la cible? Certains corps possédaient des privilèges spéciaux, comme de tenir la droite de la ligne de bataille, refusant de charger s'ils n'étaient à cette place. On racontait qu'à Fontenoy, l'on n'avait pu, dans tout l'état-major, trouver une carte du pays pour mettre sous les yeux du Roi ; on citait tel officier général, parvenu à ce grade élevé pour son habileté singulière à disposer les troupes sur le terrain de manière que la file des pieds traçât les mots de *Vive le Roi!* L'encombrement des généraux était d'ailleurs, à chaque campagne, une source de débats et de difficultés ; un jour qu'on proposait au maréchal de Saxe un coup de main qui ne coûterait, lui disait-on, qu'une vingtaine de ses grenadiers : « Vingt grenadiers! s'écriait-il. Passe encore si c'étaient vingt lieutenants généraux! »

A ces abus et à ces ridicules on opposait la discipline, l'unité, la simplicité pratique des armées du Grand Frédéric. Mais les réformateurs n'envisageaient, pour la plupart, que des minuties extérieures, et négligeaient le fond pour ne s'attacher qu'aux détails. On croyait avoir fait beaucoup en bronzant les canons de fusils et en laquant les buffleteries. On ne songeait, écrit Guibert, qu'à faire du fantassin « un frotteur et un vernisseur » ; c'était là ce qu'on appelait imiter le système prussien.

Au plus fort de ces discussions, vers le milieu

de l'année 1770, le bruit se répandit en France
de l'apparition d'un ouvrage destiné, disait-on,
à révolutionner les systèmes, les principes et
les préjugés séculaires. Le titre était : *Essai
général de Tactique*. On le savait clandestine-
ment imprimé dans les Pays-Bas; on ignorait
le nom de l'auteur. Les théories soutenues
étaient d'ailleurs d'une telle hardiesse que le
gouvernement français interdisait la vente et
la distribution du livre. De fait, pendant longtemps, il fut presque introuvable en France,
et Grimm constate dans sa correspondance
qu'en septembre 1772 on avait tout le mal du
monde à s'en procurer un exemplaire. Cette
rareté même et ces entraves n'en excitaient que
davantage la curiosité du public. Les rares élus
qui possédaient l'ouvrage en contaient des merveilles; l'intérêt s'augmenta lorsqu'on apprit,
par des confidences indiscrètes, que cet écrivain
subversif, ce hardi novateur, était un jeune et
brillant officier, un colonel de vingt-sept ans,
ce Guibert dont quelques amis vantaient dans
les salons l'esprit et le génie. L'empressement
devint tel que la police dut se résoudre à lever
l'interdit et à laisser le livre entrer en France.

Un peu plus tard, en 1773, une édition en fut
publiée à Paris, portant cette fois le nom de
Guibert. On assure qu'à cette occasion l'on
songea de nouveau, dans les régions ministé-
rielles, à châtier l'audacieux auteur en lui enle-
vant son grade; mais le maréchal de Soubise
représenta, dit-on, au Roi l'inanité de la mesure
et le danger de perdre les services d'un si
remarquable officier. La modération prévalut,
et l'on prit le parti de laisser libre cours à
l'enthousiasme du public, qui atteignit bientôt
des proportions extraordinaires.

II

Le livre de Guibert justifie-t-il l'incroyable
succès sur lequel nous aurons bientôt à revenir?
Une rapide analyse permettra d'en juger. Il se
divise en deux parties distinctes : une introduc-
tion étendue, intitulée *Discours préliminaire*,
exposé général des idées de l'auteur en politique et en philosophie; puis un traité critique
et didactique des systèmes en usage dans les
armées européennes et des changements qu'il
y faut apporter pour profiter des leçons du roi
de Prusse. De cette seconde partie je parlerai
brièvement, et pour cause; je tiens à rassurer
sur ce point mes lecteurs. Il me suffira de citer
l'avis de quelques spécialistes. « Les propositions de l'auteur ont fait règle, écrit le général
Bardin, et sont restées comme des jalons

plantés pour l'avenir. » Meister nous apprend
dans ses notes que le Grand Frédéric fut si fort
affecté de voir pénétrer ses secrets, que la lecture de l'*Essai de Tactique* lui causa « un accès
de fièvre ». Enfin Napoléon faisait un tel cas
de l'ouvrage, qu'il l'avait entièrement annoté
de sa main et qu'il l'emportait avec soi chaque
fois qu'il partait en campagne. Ce dernier témoignage rend, semble-t-il, tous autres superflus.

Mais, quel que fût son mérite militaire, ce
qui valut à l'œuvre de Guibert l'admiration de
ses contemporains, ce qui peut, de nos jours
encore, intéresser les gens lettrés, c'est le
Discours préliminaire, cette dissertation éloquente où le jeune écrivain, épanchant son
âme passionnée, formulait librement ses rêves
sur le présent et sur l'avenir, interpellait les
nations et les rois, tançait d'un accent impérieux les ministres de son pays, conviait enfin
le vieux royaume de France à jeter bas, comme
un vêtement usé, les dépouilles du passé, pour
s'élancer allègrement sur une route inconnue
et vers des destinées nouvelles. Qu'on approuve
ou non ses principes, c'est un fait indéniable
que, devançant de vingt années son siècle,

Guibert a résumé, dans ces pages enflammées, le programme essentiel de la Révolution future. Et l'on conçoit comment, en 1790, dans la ferveur première de ses généreuses illusions, madame de Staël saluait en son défunt ami le précurseur du grand mouvement qui entraî-nait alors tout un peuple enivré : « Le besoin de son âme, s'écrie-t-elle, est devenu l'impulsion de tous, et les lumières de son esprit, la volonté générale... Ses vœux sont des projets, ses espérances sont des plans. La permanence d'une Assemblée nationale, la milice citoyenne, le patriotisme d'un roi qui veut lui-même donner une constitution à son peuple, tout s'y trouve... Ce qu'on appelait les rêves de sa jeunesse, ce qu'on traitait d'exaltation, prend un caractère bien imposant quand une nation entière y donne la sanction suprême ! »

Toutes ces idées sont en germe, en effet, dans le *Discours préliminaire*. Le tableau que Guibert y trace des abus, des misères et des vices de son temps est dessiné d'un trait sobre et puissant. J'en citerai quelques passages, afin qu'on puisse juger de la manière et du ton de l'auteur.

« *A ma patrie!* » ces trois seuls mots sont la dédicace de l'ouvrage. Les premières pages décrivent, en termes généraux, les maux dont sont atteintes, vers le déclin du siècle, les principales nations européennes, et définissent les causes de leur apparente décadence : « D'une part, les peuples souffrent et se plai-gnent; de l'autre, ils ont perdu toute espèce de ressort. Chacun vit pour soi, cherchant à se mettre à couvert des maux publics, à en profiter, ou à s'étourdir sur eux. Au milieu de cette faiblesse générale, les gouvernements, faibles eux-mêmes, mais par là féconds en petits moyens, étendent leur autorité et l'appesantissent. Ils semblent être en guerre secrète avec leurs sujets. Ils en corrompent une partie, pour dominer l'autre... Ils font de l'or le plus grand ressort de l'administration; ils en font le moyen de l'avancement des particuliers, la solde du vice, qu'il augmente, la récompense de la vertu, qu'il avilit. Ils repompent ensuite, par des opérations fiscales, cet or que leur prodigalité a répandu, circulation funeste, et dont l'effet est de ruiner une partie de la nation, pour enchaîner l'autre! » Cette philip-

pique est censée s'adresser aux gouvernants
européens, sans s'appliquer spécialement à
aucun; mais était-il possible aux tristes
hommes d'État des dernières années de
Louis XV de se tromper au sens de cette
mordante satire, où d'autres, plus récents, n'auraient que peu de peine à se reconnaître à
leur tour?

D'ailleurs, à quelque temps de là, l'attaque
est plus directe; Guibert, déchirant tous les
voiles, s'en prend à son pays, et dénonce les
vices du régime : « Une cause qui contribue,
dit-il, à rendre la politique si imparfaite, c'est
la mobilité continuelle des ministères. L'intrigue et le hasard placent et déplacent les
ministres. Élevés à ces postes, ils songent plus
à les conserver qu'à les remplir. Ils gouvernent
comme ils vivent, du jour à la journée; au lieu
de maîtriser les événements, ils sont dominés
par eux. Les détails les absorbent. Ils tiennent
dans leurs mains quelques fils de l'administration, et laissent aller les grands ressorts. »
Ailleurs encore, il stigmatise l'aveuglement
funeste qui ne songe, s'écrie-t-il, « qu'à
éteindre les vertus guerrières dans la nation,

à ne pas même les développer chez les troupes », par la crainte que « de là elles ne se
répandissent chez les citoyens et ne les armas-
sent un jour contre le joug qui les opprime ».

A la peinture assombrie du présent, succède
une large esquisse de l'avenir tel qu'il le
conçoit et le souhaite pour la France : « Une
politique qui consisterait à se fortifier au
dedans, plutôt que de chercher à s'étendre au
dehors; à se resserrer même, si l'on a des
possessions trop étendues, et à faire pour ainsi
dire des conquêtes sur soi-même, en portant
toutes les parties de l'administration au plus
haut point de perfection; à augmenter la puissance publique par les vertus des particuliers;
à travailler sur les lois, les mœurs, les opinions... » Et, pour appliquer ce programme, il
appelle de ses vœux un gouvernement libéral,
tempéré, constitutionnel, l'accord harmonieux
et fécond du pouvoir monarchique avec l'élite
de la nation, choisie et désignée par l'ensemble
des citoyens. Les pages où il formule ces rêves
se terminent par cette apostrophe, d'un accent
noble et chaleureux : « S'il est une nation à
laquelle convienne cette sage politique, c'est

la mienne, qui, heureusement assise au milieu de l'Europe, sous la plus belle température, sur le sol le plus fertile, entourée presque partout de limites que la nature même semble avoir posées, peut être assez puissante pour ne rien craindre et ne rien désirer. C'est la mienne, parce que, j'ose le dire, c'est elle qui déchoit maintenant avec le plus de rapidité. Son gouvernement ne la soutient pas; et les vices qui, nés chez elle, partout ailleurs ne se répandent que par imitation, y sont plus invétérés, plus destructifs, et doivent la dévorer la première! »

On ne saurait décrire l'effet produit sur l'opinion par ce langage alors nouveau, courageux, exalté, empreint d'un patriotisme sincère. Il faut, pour se l'imaginer, se reporter par la pensée à ce début du règne de Louis XVI, à cette époque étrangement surchauffée, la plus féconde qui fut jamais en illusions, en chimères généreuses. La France entière paraissait travaillée d'une sorte de malaise secret, de ce bouillonnement sourd qui, d'ordinaire, chez les individus, annonce et précède les grandes crises et les maladies violentes. Tout était matière à réforme, tout était remis en question; et la liberté des propos était en harmonie avec la hardiesse des idées : « Sire — disait à Louis XVI le vieux maréchal de Richelieu, qui avait vu trois règnes successifs, — sous Louis XIV, on n'osait dire un mot; sous Louis XV, on parlait tout bas; sous Votre Majesté, on parle tout haut. »

La jeune noblesse surtout se distinguait par son esprit frondeur, par son entrain joyeux à saper les principes, les traditions, les usages du passé; pourvu qu'on respectât la forme extérieure du régime, rien, affirmaient ces audacieux, n'était à conserver des vieilles institutions sur lesquelles se fondait la monarchie française. Aucun d'eux ne s'imaginait que, privé brusquement de tous ses supports intérieurs, l'édifice vermoulu pût crouler sur leurs têtes. « Nous nous sentions disposés, confessera plus tard l'un d'entre eux[1], à suivre avec enthousiasme les doctrines philosophiques que professaient des littérateurs spirituels et

---

1. *Souvenirs et anecdotes*, du comte de Ségur.

hardis... Nous sentions un secret plaisir à les voir attaquer un vieil échafaudage, qui nous semblait gothique et ridicule. Ainsi, quels que fussent nos rangs, nos privilèges, les débris de notre ancienne puissance qu'on minait sous nos pas, cette petite guerre nous plaisait. Nous n'en éprouvions pas les atteintes : nous n'en avions que le spectacle. Ce n'étaient que des combats de plume et de parole, qui ne nous paraissaient devoir faire aucun dommage à la supériorité d'existence dont nous jouissions et qu'une possession de plusieurs siècles nous faisait croire inébranlable... On trouve du plaisir à descendre, tant que l'on croit pouvoir remonter dès qu'on veut; et, sans prévoyance, nous goûtions tout à la fois les avantages du patriciat et les douceurs d'une philosophie plébéienne. »

Curieuse époque en vérité, désintéressée et frivole, égoïste et humanitaire, séduisante, malgré qu'on en ait, par sa belle humeur insouciante et son ingénuité légère, pleine de contradictions et de contrastes imprévus, qui désarment le blâme et forcent le sourire! Ces mêmes hommes, qui acclament les discours des théoriciens en faveur du désarmement et de la paix universelle, désirent la guerre avec passion et s'y jettent avec frénésie. Ils exaltent dans leurs propos la sainte égalité et la simplicité antique, tout en poussant à son dernier excès les recherches du luxe et l'appareil de la magnificence. A la cour d'un roi absolu, l'on applaudit « les maximes de Brutus » et les doctrines républicaines. On parle avec attendrissement « d'indépendance dans les camps, de démocratie chez les nobles, de philosophie dans les bals et de morale dans les boudoirs[1]. » Peut-on ne pas songer, en présence d'un tel illogisme, au mot de Mirabeau, rentrant en son hôtel après la séance mémorable où il avait voté l'abolition des titres de noblesse : « Ah çà, coquin, crie-t-il à son laquais, j'espère bien que pour toi je serai toujours monsieur le Comte! »

Faut-il voir, avec Taine, dans ces inconséquences, le fait d'un dilettantisme spécial, d'un raffinement pervers, qui ne cherche parmi les thèses philosophiques qu'un excitant au badinage, une sorte de piment nouveau, dont la

—————

1. *Souvenirs et anecdotes*, du comte de Ségur.

saveur relève la fadeur des propos galants et réveille les esprits blasés? Faut-il croire que nos pères, lorsqu'ils se passionnaient pour ces belles utopies, n'y voyaient qu'un jeu élégant, un divertissement inédit, une manière « d'opéra supérieur, où défilent et s'entrechoquent, tantôt en costumes graves, tantôt sous un déguisement comique, toutes les grandes idées qui peuvent intéresser une tête pensante[1] »? J'ai meilleure opinion, pour moi, de leur sincérité. J'estime que la plupart se laissaient prendre de bonne foi au leurre d'un séduisant mirage. La griserie des grands horizons et la splendeur lointaine des rivages entrevus dissimulaient la prochaine menace des récifs, l'imminence du naufrage. En cette fin du xviiie siècle, plus qu'à toute autre époque de l'histoire, les mots ont une puissance magique; on croit à la vertu du verbe avec une naïveté touchante. Comme l'écrivait Chamfort d'une belle dame de ce temps : « Lorsqu'elle a dit de jolies choses sur l'émétique, elle est toute surprise de n'être point purgée! » Par cette dispo-

1. Taine, *Origines de la France contemporaine*, t. I.

sition d'esprit, par cet appétit de changement,
par cette ardeur d'innovations, par cette confiance dans le pouvoir des théories et des idées,
s'expliquent l'extraordinaire succès du livre de
Guibert et l'enthousiasme universel dont il fut
rapidement l'objet.

Je n'entends pas seulement par là les nombreuses éditions si rapidement enlevées, ni
l'hommage, moins envié, des contrefaçons
étrangères ; mais je veux dire que la faveur
accordée à l'ouvrage rejaillissait sur son auteur.
Guibert, en peu de mois, devint l'homme à la
mode et le héros du jour, ornement du présent,
espérance de l'avenir. Les littérateurs de
métier, les encyclopédistes, ne cachaient pas
leur joie d'enrôler dans leur camp un noble, un
homme de Cour, de voir un militaire adopter
les idées nouvelles dans un traité de stratégie,
et mêler la philosophie à l'art de détruire ses
semblables. D'autre part, la noblesse considérait
le succès d'un des siens comme une victoire
gagnée sur la roture académique : « La Cour
et le grand monde se flattaient, dit La Harpe,
d'opposer un colonel à toute la littérature! »

— « Le *Discours préliminaire* charme tout le monde », mande à Walpole la marquise du Deffand, peu bienveillante de sa nature. « *La Tactique* n'est pas un ouvrage de belles-lettres, mais elle m'a paru un ouvrage de génie », écrit Voltaire à Condorcet.

A cet éloge privé, Voltaire ajoute bientôt une consécration officielle. Il publie peu après une épître en vers à Voisenon, sous le titre de *la Tactique*, où, après avoir déploré la guerre comme une nécessité cruelle, il suppose une réplique éloquente de Guibert. Le morceau se termine par ce couplet louangeur :

Monsieur Guibert se tut, après ce long propos.
Moi, je me tus aussi, n'ayant rien à redire.
De la droite raison je sentis tout l'empire ;
Je conçus que la guerre est le premier des arts,
Et que le peintre heureux des Bourbons, des Bayards [1],
En dictant leurs leçons, était digne peut-être
De commander déjà dans l'art dont il est maître.

Très flatté, comme on pense, de cette illustre conversion, Guibert répondit à Voltaire par une longue lettre en prose, d'où je détache seulement cette juste réflexion : « On s'en

1. Allusion au *Connétable de Bourbon*, tragédie que Guibert venait de composer.

13.

prend toujours à la guerre des calamités du
monde; et le despotisme, les rois ignorants,
les mauvais ministres, sont des fléaux bien plus
cruels. Je viens de faire deux mille lieues; dans
ce long voyage, j'ai vu presque partout les
traces des impôts, et fort peu de vestiges de la
guerre. »

Ces divers témoignages et ces échanges de
compliments défrayaient les causeries, aigui-
saient les curiosités. Les femmes surtout se
distinguaient par leur exaltation; on voyait
l'*Essai de Tactique* sur les guéridons des boudoirs et sur les tables à coiffer. N'avoir point lu
l'ouvrage était du dernier mauvais ton; on ne
l'avouait qu'en rougissant, comme on confesse
une inconvenance. « Ah! monsieur, — disait
l'une d'elles à Guibert, au milieu d'un cercle élégant, — croiriez-vous que je n'ai encore pu
que parcourir votre beau *Tic-Tac!* Faites-moi
donc le plaisir de me l'apporter un matin. »
Une jeune duchesse de dix-huit ans, voulant
marquer son admiration pour l'auteur : « Mon
Dieu! — s'écriait-elle, — que je serais heureuse
d'être la mère d'un tel homme! » On souriait
de la naïveté; mais, peu de jours après, dans

un des centres à la mode, on agita, toute une soirée, cette question importante : « Lequel était le plus à désirer d'être la mère, la sœur, ou la maîtresse de M. de Guibert [1] ? »

Cet encens aristocratique et cette célébrité mondaine ont assurément des douceurs fort appréciables en tous temps ; mais quel charme enivrant ne devait-on pas y goûter, au siècle où les salons disposaient de la renommée et régnaient presque sans partage dans le domaine intellectuel. L'esprit, à ce moment, était à lui seul une puissance. Non pas seulement, comme on est trop enclin à croire, l'esprit léger, futile, qui jaillit en fusées et ne laisse après soi qu'une poussière d'étincelles ; les gens de cette époque, sans dédaigner le jeu brillant des mots, dirigeaient leur curiosité sur tout ce que peut embrasser l'intelligence humaine. Les femmes, aussi bien que les hommes, avides de tout connaître, lisaient tout, discutaient de tout ; et la causerie, ailée, animée et vivante, toujours variée, profonde parfois, jamais pédante, pas-

---

1. *Correspondance littéraire* de La Harpe. — *Correspondance* de Grimm, de Métra, etc.

sait doucement et sans effort des sujets les
plus gais aux sujets les plus graves, du menu
scandale de la veille aux problèmes sublimes et
ardus de la science, de la religion, de la méta-
physique. « La conversation en France, écrit
lord Chesterfield, roule toujours sur quelques
points d'histoire, de critique ou même de philosophie, qui conviennent mieux à des êtres
raisonnables que nos dissertations anglaises sur
le temps et sur le whist. » L'atrabilaire Jean-
Jacques Rousseau rend ce même témoignage à
ses contemporains : « Un article de morale,
assure-t-il, ne serait pas mieux discuté dans
une société de philosophes que dans celle d'une
jolie femme de Paris. »

Le tact et l'habitude du monde empêchaient
les causeries sérieuses de tourner en dissertations et en controverses d'école; « on évitait
l'ennui en ne s'appesantissant sur rien »; et
si jamais l'entretien s'égarait sur des cimes trop
élevées pour n'être pas un peu nuageuses, un
mot piquant, une saillie imprévue, traversant
le brouillard comme un clair rayon de soleil,
détendait les esprits, ramenait la belle humeur
au cœur et le sourire aux lèvres. Si l'on discu-

tait avec feu, l'on ne se querellait jamais; une
tolérance courtoise laissait un libre cours aux
appréciations les plus diverses, les plus oppo-
sées. « Jours heureux, a-t-on dit, où les opinions n'influaient pas sur les sentiments, où
l'on savait aimer ceux qui ne pensaient pas
comme vous! » Cette largeur des esprits aidait
à la fusion des classes : « Les hommes de lettres
les plus distingués, dit encore un témoin du
temps [1], étaient admis avec faveur dans les maisons de la plus haute noblesse. Ce mélange des
hommes de Cour et des hommes lettrés donnait
aux uns plus de lumières, aux autres plus de
goût. Jamais Paris ne fut plus semblable à
Athènes! »

L'enchantement de ces réunions en faisait
aussi le danger. Celui qui, en de tels milieux,
avait eu le bonheur ou l'art de réussir, devait
croire qu'il avait conquis la véritable gloire,
atteint le *summum*, l'idéal, l'apogée de son ambition. Acquérir le suffrage des salons parisiens
était l'objectif principal de tout homme qui sentait en soi des talents, des dons supérieurs; et,

1. *Souvenirs et anecdotes*, du comte de Ségur.

lorsqu'on l'avait obtenu, on ne se souciait plus
que de le conserver. Tel fut l'écueil où se
brisa la carrière du comte de Guibert. L'en-
gouement sans pareil dont il se vit l'objet lui
fit un mal irréparable. Il y gagna d'abord cette
confiance excessive en soi, ce ton dédaigneux
et tranchant, que ses meilleurs amis — madame
de Staël en tête — reconnaissent en le déplo-
rant, et qui lui valut par la suite de périlleuses
inimitiés. Mais surtout — tort plus grave et
malheur plus irrémédiable — il se croira désormais dispensé d'effort et de labeur. Assuré d'un
génie que nul ne met en doute, il éparpillera
son talent en directions multiples, vagabondant
sur toutes les routes qui peuvent aboutir au
succès — cette contrefaçon de la gloire, — tour
à tour poète, historien, philosophe, drama-
turge, pamphlétaire politique et réformateur
militaire, remarquable partout et partout incom-
plet. Le cadre de cette courte esquisse ne nous
permet pas de le suivre en ces évolutions
diverses, et nous nous attacherons seulement à
ceux de ses essais qui furent les plus heureux
ou les plus caractéristiques.

III

La première de ces tentatives fut dans le
genre le plus apprécié de son temps, la tragédie, remise à la mode par Voltaire. « On
parle beaucoup, lit-on dans la gazette de Bachaumont[1], d'une tragédie du *Connétable de
Bourbon*, par M. de Guibert, le sublime auteur
du *Discours préliminaire* de l'*Essai de Tactique*... Cette pièce, — ajoute le chroniqueur
en ce style audacieux dont les gazetiers d'alors
possédaient déjà le secret, — cette pièce fait un
bruit du diable par les hardiesses dont elle est
susceptible, et que son auteur a fait valoir avec
toute la vigueur de son génie. On ne croit pas
qu'elle puisse jamais être mise à la scène. » De
fait, il paraît établi que l'intention primitive de

1. *Mémoires secrets*, 23 avril 1773.

Guibert ne fut pas d'affronter la rampe. Il se
contentera de lectures devant des groupes de
connaisseurs. Pour la première séance, il fait
choix d'une maison amie, où l'on convoque,
sous le sceau du secret, une demi-douzaine de
« voisins ». Lorsque, au jour dit, il y fait son
entrée, il se trouve en présence d'un cercle de
deux cents personnes, venues « spontanément »
pour avoir leur part du régal. La pièce alla
aux nues; l'effet fut prodigieux, le succès foudroyant et les acclamations sans fin. Ce fut le
soir même, à Paris, l'événement des salons et
des cénacles littéraires. Dès lors, les lectures se
succèdent. Guibert ne peut suffire à toutes les
sollicitations. « M. de Guibert, mande Grimm à
Catherine II, a lu sa tragédie au Palais-Royal,
au Palais-Bourbon, et dans toutes les grandes
maisons de France... Elle a fait plus de sensa-
tion qu'aucune des pièces les plus célèbres. »
Voltaire, au fond de sa retraite, se fait lire ce
chef-d'œuvre, et couvre de fleurs son rival :
le *Connétable*, affirme-t-il, « étincelle de beaux
vers »; il s'y trouve « autant de génie » et non
moins de hardiesse que dans le traité de *Tactique*. « J'ai été étonné, confie-t-il à madame du

Deffand[1], que le même homme ait pu faire des ouvrages si différents l'un de l'autre. Les Saxe, les Turenne, n'auraient pas fait assurément de tragédies ! » Dans ce même temps, le comte d'Estaing, descendant de Bayard, — véritable héros de la pièce de Guibert, — envoyait à l'auteur un portrait par Van Loo[2] du « chevalier sans peur et sans reproche », avec ces quatre vers gravés sur la bordure du cadre :

Si Bayard eût vécu, Bayard te l'eût offert.
Tu mis dans tout son jour la vertu dont il brille.
Le portrait d'un héros, dans les mains de Guibert,
   Sera toujours un portrait de famille.

Pour ceux qui, après plus d'un siècle écoulé, relisent froidement le *Connétable*, cet enthousiasme, à dire le vrai, semble bien excessif. L'intrigue assurément n'est pas sans intérêt, et c'est un beau sujet que le débat des deux principaux personnages, le connétable de Bourbon et son ami, le chevalier Bayard, l'un symbolisant l'ambition qui va jusqu'à trahir son maître et son pays, l'autre le dévouement

1. 16 novembre 1773.
2. Actuellement en possession de M. le comte Villeneuve-Guibert.

et le patriotisme. On n'y peut non plus méconnaître d'assez fortes situations, de hautes et généreuses pensées, une chaleur d'expression, qui touche, émeut, entraîne et rend indulgent aux défauts. Nous pardonnons aussi sans peine certains manquements aux règles de la tragédie, qui choquèrent fort les critiques de l'époque : tels que l'emploi des rimes croisées et le mépris des « trois unités » d'Aristote. Mais la lenteur d'exposition, l'incertitude de la composition, la longueur des tirades, le récit trop souvent substitué à l'action, trahissent l'inexpérience, sentent l'improvisation, nous empêchent de goûter les réelles beautés de l'ouvrage. Le pire est la négligence de la forme, l'incorrection du style, et cette faiblesse de versification dont l'amoureuse partialité de mademoiselle de Lespinasse ne pouvait s'empêcher de reprendre Guibert, sous forme de tendres conseils : « Dites-moi, lui écrit-elle, si vous vous accoutumez à vous hâter lentement, et à faire comme Racine, qui faisait difficilement ses vers. Mon ami, je vous impose le plaisir de lire, de relire tous les matins une scène de cette musique divine; et puis vous

vous promènerez, vous ferez des vers et, avec le talent que la nature vous a donné de penser et de sentir fortement, je vous réponds que vous en ferez de très beaux. »

Pour les auditeurs de Guibert, ces taches disparaissaient devant la magie des grands mots et des périodes patriotiques, que faisait résonner la voix chaude du lecteur. On parla tant du *Connétable* que Marie-Antoinette, reine depuis peu de mois, en voulut avoir connaissance. Elle manda Guibert à Versailles; elle écouta sa tragédie; elle le combla d'éloges, dont la suite du récit fera voir la sincérité. Cette flatteuse audition n'en eut pas moins pour notre personnage des conséquences assez fâcheuses.

Elle lui valut d'abord l'hostilité jalouse de M. de La Harpe, qui venait, lui aussi, de lire à Marie-Antoinette sa tragédie de *Menzicoff*, et qui ne put pas digérer la concurrence impertinente d'un confrère amateur. On lit peu La Harpe aujourd'hui, et l'on ne connaît guère que le critique froid et guindé du *Cours de littérature*, où l'auteur ampoulé de tant de mauvaises tragédies, flagellé par Gilbert en ces vers immortels :

C'est ce petit rhéteur, de tant d'orgueil enflé,
Qui, sifflé pour ses vers, pour sa prose sifflé,
Tout meurtri des faux pas de sa muse tragique,
Tomba, de chute en chute, au trône académique.

Mais il est un autre La Harpe bien supérieur aux deux premiers : c'est le journaliste avisé, mordant et finement ironique, que révèle sa *Correspondance*, et dont les traits cinglants valent souvent d'être retenus. C'est cet ennemi dangereux qu'à chaque tournant de sa carrière Guibert aura désormais à ses trousses ; et l'on pourra lire plus d'une fois de petites notes empoisonnées, dans le genre de celle-ci, que je cite comme échantillon : « M. de Guibert, jeune militaire distingué dans son état, homme qui a beaucoup d'esprit et de prétention d'esprit, une tête exaltée, un goût peu exercé et une ambition très active en tout genre..., qui est fort lié avec la bonne littérature et n'est pas mal avec la mauvaise, auteur d'un ouvrage sur la tactique, dont la préface a des beautés qui prouvent au moins de la mémoire, a fait une tragédie intitulée le *Connétable de Bourbon*, qu'il ne veut ni faire jouer ni imprimer, apparemment pour se réserver le plaisir de la lire, sans l'exposer au danger d'être jugée. Il l'a lue à tout le monde... Il ne prétend à rien moins qu'à remplacer Turenne, Corneille et Bossuet. Je ne sais ce qui arrivera du premier, mais j'ai peu d'espérance pour les deux autres[1]! »

L'autre mauvais service que rendit à Guibert l'admiration de Marie-Antoinette fut d'exposer sa tragédie à l'épreuve de la scène. On devait célébrer, au mois d'août 1775, le mariage de la sœur du Roi, madame Clotilde, avec le prince héritier de Savoie; la Reine exprima le désir qu'à l'occasion des fêtes de ce mariage on représentât le *Connétable* dans la salle magnifique — la plus vaste qui fût alors — construite d'après les plans du fameux Gabriel et récemment inaugurée. Le Roi résista pour la forme, alléguant que tout justement il venait d'édicter, pour des raisons d'économie, la suppression des spectacles de Cour; à quoi la jeune reine répliqua que cette défense visait les opéras,

1. *Correspondance littéraire* de La Harpe, année 1774.

mais non une simple tragédie, infiniment moins dispendieuse. Louis XVI céda devant cet argument et, quelques mois plus tard, ne put réprimer un soupir lorsqu'il vit la carte à payer, qui montait à trois cent mille livres.

Il est vrai qu'on n'épargna rien pour rehausser l'ouvrage. Les décors, les costumes, étaient pleins de magnificence; de « merveilleuses machines », agencées par le sieur Arnould, présentaient des trucs inédits; pour la figuration, on engagea cinq cents personnes. Le Kain, alors en Angleterre, fut rappelé tout exprès pour jouer le rôle du Connétable; le premier rôle de femme, celui d'Adélaïde, fut confié à madame Vestris. Le compositeur de la Cour écrivit « une musique guerrière », que madame du Deffand proclamait admirable. Les répétitions de la pièce se firent au Théâtre-Français; Guibert, en tournée d'inspection, reçut du ministre un congé pour les diriger en personne. Quelques privilégiés furent admis à y assister; ils en contèrent tant de merveilles que ce fut, assure Bachaumont, « une fureur » dans Paris pour obtenir la même faveur. « Les acteurs engoués, ajoute-t-il, sollicitaient l'auteur de leur donner

la pièce pour être jouée dans cette capitale. »
Nul chef-d'œuvre, en un mot, ne fit tant de
bruit à l'avance, et certains amis perspicaces
en ressentaient quelque inquiétude.

La représentation fut fixée au 26 août. Toute
la Cour, les ministres, les ambassadeurs étrangers et les envoyés de Savoie, y devaient assister.
La Reine, par un ordre spécial, leva pour
cette solennité la consigne traditionnelle qui
interdisait d'applaudir en présence de Leurs
Majestés. On s'arrachait les fauteuils et les
loges. Seule, des intimes de Guibert, Julie de
Lespinasse refusa, quand vint le grand jour, de
prendre la route de Versailles : « Je suis trop
malade, lui dit-elle, et puis je serais sur la
roue pendant la représentation... D'ailleurs si
cette tragédie amène, comme je l'espère, un
grand succès, je ne me soucie pas d'exalter
mon âme. Elle est trop fatiguée; il ne lui faudrait plus que du repos et du calme. » Mais,
enfermée en son humble logis de la rue Saint-
Dominique, elle vécut dans l'angoisse les
heures de la bataille : « Mon ami — écrit-elle
quelques instants avant le lever du rideau, — à

cinq heures, lorsque le *Connétable* commencera, je ferai comme je ne sais plus quel prophète qui élevait ses bras au ciel pendant que Josué combattait. Oh! oui, mon ami, ma pensée, mon âme seront bien près de vous. Qu'importe après cela où est ma personne? » La soirée s'écoulait; aucun message n'arrivait de Versailles; son agitation redoublait : « M. d'Alembert ne vient pas, reprend-elle à onze heures du soir. Avant de me coucher, je veux entendre ces mots : *Il n'y eut jamais un plus grand succès!* Quand j'aurai entendu ces douces paroles, je prononcerais bien avec délices celles de saint Siméon, après avoir vu son Sauveur. » Enfin la porte s'ouvre, et d'Alembert paraît; il apporte de bonnes nouvelles : « Le succès a fait violer toutes les règles; on a beaucoup applaudi cette scène du troisième acte, ce qu'il y a de plus beau au théâtre! »

Le bon d'Alembert, disons-le, pour plaire à son amie, avait forcé la note; les relations du temps en sont le témoignage. En premier lieu, l'acoustique de la salle nuisit fort au succès : « J'entendis le *Connétable*, écrit madame du Deffand, de l'œil-de-bœuf de l'appartement des Beauvau, ou, pour dire la vérité, je ne l'entendis point. La distance du théâtre au bout de la salle, l'excessive élévation, la mauvaise prononciation des acteurs, firent que je n'aurais eu nulle connaissance du sujet de la pièce, si quelques vers que j'attrapais par intervalle ne m'avaient rappelé le souvenir de la lecture que j'avais entendue... » Quant aux spectateurs mieux placés, leur froideur vint d'une autre cause. On s'avisa, non sans raison, dès le début du spectacle, que c'était une étrange idée d'offrir à la famille royale et aux diplomates savoyards un drame où l'on représentait un Bourbon trahissant la France, à l'instigation d'une princesse de la maison de Savoie. Le Roi fut des premiers à faire cette découverte et témoigna, dit-on, quelque mécontentement. Un malaise général se répandit dans le public, gagna les interprètes, dont le jeu se sentit de cette gêne inavouée. Le Kain fut manifestement au-dessous de lui-même. Le troisième acte, cependant, réchauffa l'atmosphère; on applaudit les tirades de Bayard; la splendeur de la mise en scène éblouit tous les yeux. Mais

14

les derniers tableaux gâtèrent ce bon effet. La pièce durait trois heures, longueur alors inusitée; peu s'en fallut qu'au cinquième acte des murmures impatients ne couvrissent la voix des acteurs. Quand le rideau tomba, la Reine, avec quelques amis zélés, fut presque seule à applaudir l'auteur.

A cette marque de sympathie ne se restreignit pas la bienveillance de Marie-Antoinette. Elle voulut, quelques mois plus tard, que l'on reprît le *Connétable* au Grand-Théâtre de Versailles. Guibert, plein de reconnaissance, remit l'ouvrage sur le chantier, refit le dénouement; puis il alla soumettre à son auguste protectrice la pièce ainsi revue et corrigée : « Ah! monsieur, s'écria la Reine avec sa grâce accoutumée, vous voulez donc m'ôter la joie de vous défendre! » Hâtons-nous de le dire, cette joie ne lui fit point défaut. L'épreuve nouvelle eut lieu le 30 décembre; le succès ne fut pas plus vif, et les retouches ne furent aucunement approuvées. « Comment avez-vous trouvé le *Connétable?* demandait-on le lendemain au chevalier de Chastellux. — Je l'ai trouvé d'un changement affreux!... Au reste, ajoutait-il, dès la première fois, il était évident qu'il couvait une grave maladie. »

Reconnaissons, à l'honneur de Guibert, que cet échec fut accueilli par lui sans humeur et sans amertume, et que l'expérience lui servit. Sans doute, il écrivit encore deux tragédies, l'une sur les *Gracques*, et l'autre sur *Anne de Boleyn*; mais il refusa constamment de les laisser soit jouer, soit imprimer de son vivant[1]. Lorsque, quinze ans plus tard, en 1790, les comédiens français voulurent monter les *Gracques*, si certain que fût le succès d'une pièce en harmonie avec les passions du moment, il répondit à cette requête par un refus formel, ne voulant pas, dit-il, ajouter à l'effervescence et à la division des classes.

1. Elles ne furent publiées qu'après sa mort, par les soins de sa veuve, à un nombre restreint d'exemplaires.

IV

La chute du *Connétable* marque une étape
nouvelle dans la carrière littéraire de Guibert.
Il se retourne prestement vers un genre différent, qui jouissait presque au même degré de
la faveur du public : les *Éloges historiques*, où
triomphait Thomas, où commençait à s'essayer
La Harpe. Tout justement l'Académie avait
mis au concours l'éloge de Catinat; le sujet
était beau, prêtait à l'éloquence; nombre de
jeunes écrivains s'étaient mis sur les rangs.
Guibert se fit inscrire; La Harpe, son rival, en
fit sur l'heure autant. Ce fut une dispute homé-
rique : les autres candidats s'étant, pour la
plupart, éliminés d'eux-mêmes devant ces deux
compétiteurs, la bataille prit l'aspect d'un
combat singulier, long, acharné, d'une issue

incertaine. Chacun des deux champions lisait dans les salons amis des fragments de son œuvre; chacun avait son clan, qui célébrait les beautés de cette œuvre, et qui dénigrait l'adversaire. « La concurrence de ces rivaux, lit-on dans les lettres de Grimm, a manqué d'exciter un schisme des plus funestes dans la république des lettres. Les chefs du même parti ont beaucoup de peine à s'accorder entre eux. » L'abbé Barthélemy, partisan de Guibert, accable d'épigrammes le discours de La Harpe : « Pendant qu'il nous le lisait, dit-il, je voyais la grenouille qui s'enflait et finissait par crever... La chaleur n'y est que dans les mots; ce sont de ces pâtés de glace qu'on passe au four... excepté que ces pâtés sont fort bons! » La Harpe ne laisse à personne le soin de persifler Guibert : « Tout Paris savait qu'il avait travaillé un an à son discours, qu'il devait infailliblement avoir le prix, puisqu'il faisait l'éloge d'un militaire et qu'il avait fait la *Tactique*... Il y a un certain monde qui ne revient pas d'étonnement qu'on puisse avoir le prix sur un colonel, quand il faut faire l'éloge d'un maréchal de France. »

La séance de l'Académie où fut désigné le

vainqueur resta longtemps, dans le souvenir des juges de ce tournoi, comme un événement mémorable. Les amis de Guibert et de Julie de Lespinasse, Suard, Arnauld, d'Alembert, y déployèrent des prodiges de valeur, mirent en lumière les réels mérites de l'ouvrage, la noblesse des pensées, l'élévation des sentiments, le souffle véhément qui ne laisse point languir l'intérêt du récit. Leurs contradicteurs objectèrent les fautes de goût et les faiblesses de style, les expressions risquées et les obscurités fréquentes. La discussion fut chaude et faillit tourner en querelle. Enfin La Harpe l'emporta; quelques voix de majorité lui décernèrent le premier prix; Guibert, pour consolation, dut se contenter du second.

Le déchaînement fut grand dans le beau monde, lorsqu'on apprit cette décision : chacun s'escrimait à l'envi contre « l'aveuglement et la partialité » de l'aréopage littéraire, qui préférait, répétait-on, la correction à l'éloquence, et « le bel esprit au génie ». — « Être à la suite de M. de La Harpe! s'exclame Julie de Lespinasse. Cela me révolte à un degré que je ne puis exprimer... Cela blesse mon cœur, cela me rend injuste, car cela pousse mon âme jusqu'à la haine pour celui qui vous a été préféré ! » Voltaire lui-même prend parti pour Guibert dans une lettre élogieuse : « Je trouve dans ce discours une grande profondeur d'idées vraies, nobles, fines et sublimes, des morceaux d'éloquence très touchants, une fierté courageuse, et l'enthousiasme d'un homme qui aspire à remplacer son héros. » Guibert riposte sur-le-champ par ce coup d'encensoir : « J'ai prétendu, en secret, à votre suffrage plus qu'à la couronne de l'Académie. Retiré au pied des Alpes et y fixant le destin de notre littérature, vous pouvez vous appliquer ce vers de *Sertorius* :

Rome n'est plus dans Rome : elle est toute où je suis ! »

Au fond, cette noble indifférence cache mal un vif dépit, une tenace et profonde rancune. Lorsque, deux ans plus tard, l'Académie propose l'éloge de Michel de l'Hôpital, Guibert traite le sujet, mais se défend de concourir. L'épigraphe qu'il choisit est d'une hauteur insultante : *Ce n'est point aux esclaves à louer les grands hommes.* Les premières lignes du

discours commentent cette aimable pensée :
les entraves qu'on apporte aux œuvres couronnées les condamnent à n'être, explique-t-il,
que « des amplifications de rhéteur », où « les
grandes leçons de la vie de l'Hôpital seront per-
dues dans une sonore et stérile abondance de
paroles ». C'est pourquoi, dédaigneux « des
lauriers éphémères » et de l'approbation des
littérateurs de métier, il ne prétend plus désormais qu'au libre suffrage du public, et ne
s'adresse qu'à ceux « qui étudient l'histoire en
vue d'y figurer un jour ». Ce discours, d'ailleurs éloquent, incisif et de haute allure, cons-
terna par sa violence les meilleurs amis de
Guibert : « De tels écarts, lit-on dans une correspondance du temps, lui ferment à jamais
les portes de l'Académie ! »

Cette boutade, par bonheur, n'eut point
d'aussi grosses conséquences. L'Académie est
bonne princesse et pardonne volontiers les
injures de ses soupirants ; elle est trop nourrie
de classiques pour ne comprendre pas le dépit
amoureux. Elle le prouva, quelques années
plus tard, quand il fallut pourvoir à la succes-

sion de Thomas. On annonçait de nombreux
concurrents, notamment Sedaine et Garat; ils
se retirèrent tous, sur la nouvelle que
M. de Guibert était sûr de tous les suffrages.
Il fut effectivement élu, le 15 décembre 1785,
à la presque unanimité. Sa réception fut triomphale. On avait choisi l'occasion pour restaurer
à neuf la décoration de la salle, jusqu'alors
noire, triste, enfumée. Sur les parois, « d'un
blanc éblouissant », on tendit de belles tapisse-
ries semées de fleurs de lis; on accrocha çà et
là les portraits des rois et des grands hommes
dont s'honorait la France; les tribunes, ornées
avec goût, étaient pareilles à des loges de spectacle; certaines étaient grillées, pour les seigneurs et les belles dames qui désiraient garder
l'incognito. Bref, un ensemble si galant, si
coquet, si pimpant, qu'on se croyait « à l'Opéra
ou dans une salle de bal ».

La réception, d'abord fixée au jeudi 9 février,
fut remise au lundi, sur la demande des principaux ministres, qui voulaient être de la fête.
Jamais il ne se vit plus magnifique chambrée :
tout le monde officiel, la fleur de la littérature
et l'élite de l'armée, toutes les femmes réputées

pour la beauté, l'esprit et l'élégance. On se montrait la duchesse de Bourbon, la duchesse de Crillon, la princesse de Beauvau, madame Necker, avec sa fille, ambassadrice de Suède et récemment mariée; on remarquait encore, en toilette tapageuse, une femme célèbre alors pour ses extravagances, Olympe de Gouges, originaire de Montauban et venue comme compatriote. Dans les couloirs, deux cents personnes se tenaient debout, faute de place, dont plusieurs « cordons-bleus » et des dames de la Cour.

Guibert débita son discours d'une voix chaude et timbrée, qui faisait sonner les périodes; il électrisa l'auditoire. Plus tard, à la lecture, quelques esprits chagrins s'avisèrent que peut-être il avait abusé des appels à la gloire, qu'il avait parlé de soi-même plus que de son prédécesseur. Mais l'art, la flamme, de l'orateur dissimulèrent ces torts légers, et le succès fut éclatant[1]. Au milieu même de son triomphe,

1. « Séance vraiment touchante et solennelle, écrivait quelques jours plus tard Ducis à madame Necker, où l'éloquence a été louée par l'éloquence, où l'âme a parlé à l'âme, et où l'Académie, au milieu de ses regrets, a vu la nation confirmer son choix! » (Lettres inédites de Ducis, publiées dans la *Revue de l'Histoire de Versailles*.)

l'élu n'avait pu se défaire de sa rancune contre La Harpe, à présent son confrère; chacun mit le nom au-dessous du portrait que Guibert esquissa du critique de métier, qui, dit-il, « inquiet, ombrageux, assigne des règles, distingue des genres, pose des limites, oublie que le génie franchit parfois avec bonheur ces barrières importunes », qui discute tous les talents « pour les réduire au niveau des siens, comme s'il n'était pas plus beau de s'élever au milieu de rivaux qu'on honore que de planer sur la médiocrité et de dominer dans un désert! » Un tonnerre de bravos accueillit ce coup de massue; les satisfactions de l'orgueil se doublèrent, pour Guibert, des joies plus vives de la vengeance.

V

La silhouette que je trace d'un homme qui fit
tant de bruit en son temps ne serait pas complète, si j'omettais la partie de son œuvre qui,
encore qu'ignorée de la plupart de ses contemporains, devrait demeurer à mon sens son meilleur titre littéraire. J'entends par là ses notes
et souvenirs de voyage, adressés à sa femme et
publiés par elle, à quelques exemplaires, après
la mort de son mari. Peu d'hommes ont couru
les grandes routes plus que le comte de Guibert. A chaque phase de loisir, cette passion
reparaît, comme s'il voulait tromper par le
mouvement physique son perpétuel besoin
d'agir, sa soif de jouer un rôle dans la politique
de son temps [1]. D'ailleurs le voyageur ne tue pas

1. Ces pérégrinations constantes sont la source de bien
des reproches sous la plume de mademoiselle de Lespi-

chez lui l'écrivain : « C'est vous, lui dit madame Necker, c'est vous qui, tous les soirs, en rentrant chez vous, secouez votre plume, comme le petit chien du pèlerin secouait sa patte, pour en faire tomber des diamants et des perles. Chaque mot de votre *Journal* a un charme nouveau, qui attache à vous. Vous nous faites regarder par cette fenêtre le cœur de l'homme, et jamais nous n'aurons eu spectacle plus noble et plus touchant! » Sans justifier ce dithyrambe, le *Journal* de Guibert présente assurément le plus vif intérêt. Ces pages écrites au courant de la plume, sans prétention, en phrases hachées, inachevées quelquefois, sont pleines de belles pensées, de pittoresques descriptions, de piquantes anecdotes, de jugements libres et profonds sur les hommes, les pays et les institutions.

A peu près seul alors de ses compatriotes, il aime réellement la nature, il sait goûter le

nasse : « Ce que vous me dites — lui écrit-elle un jour — sur la cause de vos courses continuelles est charmant : « Je « remplis ma jeunesse, pour que ma jeunesse ne puisse « pas me reprocher de l'avoir mal employée... » Soyons plus simples : vous allez au bout du monde, parce que votre âme est plus avide que sensible. »

charme d'un beau site et d'un aimable paysage :
« La vue de la mer agit toujours sur moi, écrit-il
au cours d'un voyage sur les côtes de France ;
elle agrandit ma pensée, elle l'attriste, enfin
elle la remplit. Mais ce n'est jamais un sentiment doux ; c'est comme la vue du ciel et la
pensée de l'éternité. Oh ! que les charmants
ruisseaux que j'avais vus la veille me fournis-
saient des songes plus riants ! Ils me rappro-
chaient de moi-même ; ils agitaient mon cœur ;
ils me donnaient le désir de les attirer dans
ma retraite ou de m'en bâtir une sur leurs
bords ! » Comme on le voit par cet aveu, aux
horizons illimités, à l'immensité pleine de
rêve, il préfère les tableaux que l'œil peut
embrasser nettement, qui offrent des con-
tours arrêtés et précis. En cela, tout au
moins, il est homme de son siècle : « Je
n'aime pas, dira-t-il encore, ce que les poètes
appellent un *océan de verdure*. Un champ de
blé sur une colline, avec quelques arbres à
la cime, une petite prairie et un ruisseau à
ses pieds, voilà ce que je préfère mille fois...
Ce qui est borné et varié a seul du charme
pour moi. »

Il ne se contente pas de voir, mais ce qu'il voit le fait penser. Il sait l'art d'animer la description d'un paysage par une réflexion pénétrante. Traverse-t-il la petite ville de Lourdes, où s'érigeait un vieux château qui servait de prison pour les jeunes libertins : « Les vallées qui environnent Lourdes, écrit-il, quoique extrêmement étroites et serrées par de hautes montagnes décharnées, offrent un joli coup d'œil. Elles sont arrosées par deux gaves, couvertes de prairies et de riches cultures. La terre, ainsi que dans toutes les vallées des Pyrénées, ne se repose jamais. J'admirais cette vue ; mais, en rejetant les yeux sur ce château, sur ce triste donjon, sur tout cet appareil qui ne retrace que des idées d'esclavage, je me rappelais le mot si profondément triste d'un chartreux à un homme qui lui faisait compliment de la beauté de leur demeure : « Oui, mon- » sieur, répondit le Père, cela est beau, mais — » avec un soupir qui sortit comme du fond d'un » tombeau — *transeuntibus*, pour les passants ! » Ce mot fait frissonner ma pensée. Je crois voir le spectre du désespoir, secouant pesamment ses chaînes, et retombant à terre accablé de leur poids. Il n'y a plus ni belle situation, ni riant paysage, avec la nécessité d'y toujours vivre et de les toujours voir ! »

M'excusera-t-on de citer encore ce passage, auquel les événements du jour donnent une espèce d'actualité? Il s'agit, en effet, des congrégations religieuses. Un décret de l'Empereur venait tout justement d'en disperser le plus grand nombre à l'instant où Guibert arrivait en Autriche. Naturellement, imbu des idées de son temps, ce dernier approuve la mesure; il interroge pourtant à ce sujet un évêque du pays, vieillard sceptique et détaché, qui se place, pour juger les choses, au point de vue uniquement temporel et pratique : « Les maisons religieuses, me dit-il, retenaient dans ce pays une grande partie des revenus, nourrissaient les pauvres, faisaient vivre beaucoup d'ouvriers; qui est-ce qui les remplacera? — Mais, monseigneur, s'il se faisait de ces biens un meilleur emploi; si, par cet emploi, tous les revenus étaient consommés dans la même province; si, au lieu d'une famille éternelle et stérile de religieux, ces biens nourrissaient cent familles fécondes et laborieuses? — Monsieur, les gouvernements n'ont pas cette politique bienfaisante. Ils ne dépouillent que pour s'enrichir, ou rassembler autour d'eux la richesse. Aucune vue ni de justice, ni de bonne administration, ni de bienveillance politique n'a présidé à l'opération de l'Empereur... Les familles qui ont autrefois créé ou doté ces maisons ont réclamé leurs anciennes propriétés; et elles y étaient fondées sans doute, car, puisque le contrat de donation se trouvait anéanti par la destruction des couvents, il était juste que les biens retournassent aux héritiers des donateurs. On n'a pas eu égard à leur réclamation... » — « J'écoutais ce bon évêque, conclut le récit de Guibert, et ne pouvais nier que la cause des religieux ne fût mieux défendue par lui que par le fanatisme. Il réduisait tout en calculs politiques, et il trouvait qu'au bout de tout le plus détestable des abus était celui du despotisme, qui peut envahir toutes les propriétés, rompre tous les contrats, annuler tous les vœux, et se mettre ainsi, disait-il énergiquement, « entre Dieu et les lois ». Cette conversation me restera longtemps présente; et, quand j'entendrai la philosophie déclamatoire et oiseuse de nos jours conseiller, sans réflexion, la destruction des moines, je me souviendrai de mon vieil évêque. »

Le *Journal*, à chaque page, est semé d'anecdotes, de petits croquis à la plume. En Allemagne, il rencontre Gluck, qui composait alors son opéra d'*Iphigénie*; le maître se met au clavecin, lui joue, sur sa demande, des fragments de l'œuvre nouvelle : « Genre de musique absolument neuf, consigne Guibert dans ses notes; récitatif simple, et déclamé d'une manière sublime. Jamais rien ne m'a produit cet effet en musique. Et c'était Gluck seul, avec une voix de chaudron, estropiant le français, touchant médiocrement le clavecin. Son génie couvrait tout; il animait ses yeux, son geste; il m'échauffait, moi, barbare, moi dont on n'a presque jamais ému l'âme par les oreilles! » Un autre jour, en Hesse, dans l'armée du Landgrave, il voit, dans une revue, défiler devant lui des déserteurs français : « Malgré la bizarrerie du costume qui les déguise, les talons — ou plutôt les échasses — sur lesquels ils sont montés, les faux mollets, les ventres et les poitrines de carton, le caractère du visage français perce encore. La discipline de fer sous laquelle ils gémissent les a consternés sans les abrutir. Je. les voyais, en défilant, jeter sur nous un regard plus profond. Après avoir passé, ils retournaient la tête, et ce regard prolongé, jusqu'à ce qu'ils nous eussent perdus de vue, me semblait exprimer souvent le remords et l'attendrissement. Ce n'est point mon âme qui leur prêtait ce mouvement; il nous a tous frappés de même, et l'un de nous m'a confirmé qu'il avait vu les yeux de plusieurs de ces malheureux mouillés de larmes. »

Cette note émue est fréquente chez Guibert; en lui, la fibre nationale vibre au plus léger choc. Il s'indigne de voir le caractère de ses compatriotes jugé, chez nos voisins, d'après les types dépeints dans les pièces de théâtre et les romans de nos littérateurs : « Je me sens, s'écrie-t-il, plus Français à l'étranger qu'en France. On voudrait être honoré, relevé par le nom de la patrie; il est affreux d'en rougir! » Parfois jaillit comme un éclair quelque pensée, quelque vue prophétique; telle cette phrase où, vingt ans d'avance, il semble prévoir Bonaparte : « C'est la plume qui prépare les révolutions, mais c'est l'épée qui les achève ! »

Un des passages les plus intéressants est le récit de son séjour à la cour du Grand Frédéric. Au retour d'une visite aux champs de bataille d'Allemagne, Guibert eut le désir de voir le roi-guerrier dont le nom remplissait l'Europe. Réaliser ce vœu était chose délicate ; certains jugements de l'*Essai de Tactique* avaient irrité le souverain, fort chatouilleux à la critique, malgré ses prétentions à la philosophie. Aussi Guibert se fit-il précéder d'une lettre d'un accent pathétique et flatteur : « Le désespoir de la Postérité, dit-il en terminant, est de ne pouvoir connaître les grands hommes dont elle lit les exploits. J'ai le bonheur d'être du siècle de Votre Majesté. Celui de la voir, de l'admirer par mes yeux semble me revenir de droit. On adorait à Athènes le *Dieu inconnu* ; faites, Sire, que ce ne soit pas au *Héros inconnu* que j'adresse toute ma vie mon hommage. » Frédéric se laissa fléchir. Guibert eut son invitation ; il demeura près d'une semaine dans l'intimité du roi de Prusse ; les notes de son journal nous renseignent sur l'impression qu'il retira de ce commerce.

Le premier jour, c'est une admiration sans bornes, le respect muet que l'on ressent devant un être surhumain : « Une sorte de vapeur magique me semblait environner sa personne : c'est, je crois, ce qu'on appelle l'auréole autour d'un saint, et la gloire autour d'un grand homme ! » Dès la seconde audience, le prestige se dissipe ; l'observateur revient en scène et l'analyse reprend ses droits. Nous y gagnons un portrait à la plume plein de couleur et de relief : « Qu'on se figure un grand chapeau, à plumet jadis blanc, une demi-perruque à queue, dérangée par son chapeau et par la sueur, un habit toujours boutonné, fait comme un sac, garni sur le devant d'une énorme quantité de tabac d'Espagne, doublé, même en été, d'une peluche de soie, autrefois couleur de feu, maintenant rase et jaune ; l'épée, petite et de cuivre, avec une vieille dragonne dont le gland n'est plus qu'une olive de bois ; une culotte noire, râpée et toujours rapiécée ; des bottes de pêcheur, jadis noires, maintenant jaunes de vétusté. Sa voiture, son lit, 'sa chambre, sont d'une malpropreté à laquelle rien ne peut être comparé. Il ne change pas de chemise tous les jours; quelquefois il se met au lit tout botté. Avec cela, une grande magnificence en bijoux... »

Le trait distinctif du visage est la mobilité de la physionomie : « Elle caresse à droite et menace à gauche. Cette mobilité existe aussi dans son esprit, dans son caractère, dans une infinité de détails de sa conduite. Jamais il n'est le même, jamais on ne sait ce qu'il sera. » Ce qui pourtant ne varie guère, c'est le ton persifleur, c'est l'amusement qu'il prend à démonter ses interlocuteurs par des questions embarrassantes : « Voltaire, assure Guibert, l'a accoutumé à ce genre, assez déplaisant chez un particulier, et odieux chez un roi, parce qu'il devrait sentir que sa présence déconcerte l'homme le plus instruit, et qu'attaquant à armes inégales, il offense sans retour et est supérieur sans gloire. » Pénétrant plus avant dans l'âme de son modèle, Guibert dépeint son caractère d'un crayon sobre et vigoureux : « Musique, beaux-arts, littérature, philosophie, tout cela n'est pour lui que délassement, remplissage ou charlatanisme. L'amitié, il ne l'a jamais connue; les hommes ne sont rien à ses yeux. S'ils l'amusent, il les caresse; s'ils le servent, il les nourrit. Ne peut-on plus lui être utile? Il néglige, ou foule aux pieds. Les peuples? Ils ne sont à ses yeux qu'un vil bétail destiné à féconder ou à embellir la terre qu'il gouverne. Il n'attache de valeur à chaque tête que par la somme de force ou de revenu qu'elle met dans ses mains... Il n'y a pas de jour, lit-on quelques lignes plus loin, qu'il ne promène ses regards sur toutes les cours de l'Europe. L'ineptie des autres rois, leurs fautes, leurs vices, les cabales qui les entourent, tout cela fait triomphe pour lui. Il s'en entretient avec une joie maligne; il en fait le tableau, et il en charge les couleurs... » Au moment du départ, Guibert résume son impression en ces termes sévères : « Je déteste l'ambition; c'est la gloire que j'aime, mais ce n'est pas celle du roi de Prusse. Je l'ai vu de trop près pour ne le pas haïr! »

De ce jour, en effet, il semble que Guibert redoute de pénétrer dans l'intimité des grands hommes. Au sortir de Potsdam, il avait songé

tout d'abord à passer par Ferney pour rendre
visite à Voltaire; mais il se ravise en chemin :
« Je ne me soucie plus, s'écrie-t-il, d'aller voir
le génie qui s'éteint et qui se prostitue! » Un
peu plus tard, toutefois, il fit ce pèlerinage. Il
reçut le meilleur accueil des commensaux habituels de Voltaire, sa nièce, madame Denis, son
confesseur, le Père Adam; mais ni au repas ni
après, le philosophe ne daigna se montrer,
prétextant je ne sais quelle indisposition. Sur
le point de prendre congé, Guibert, vivement
déçu, réclama une plume et de l'encre, et fit
porter à Voltaire ce billet, que, malgré son irré-
vérence, on me permettra de citer, tant il est
bien dans le ton de l'époque : « Je vous avais
toujours soupçonné d'être un dieu; aujourd'hui
j'en suis sûr, car vous renouvelez les mystères
de la religion catholique : on vous boit, on vous
mange, et l'on ne vous voit pas! » Le compliment eut un plein succès. Voltaire parut à
l'instant même, se mit en frais de politesses;
tous deux se séparèrent enchantés l'un de
l'autre : « Ce qui m'a charmé, écrivait quelques
jours plus tard Voltaire à madame du Deffand,
c'est que ce docteur en l'art d'assassiner les

gens m'a paru, dans la société, le plus poli et le plus doux des hommes. »

Les voyages de Guibert ne prirent fin qu'aux abords de la Révolution. Les dernières pages de son journal sont empreintes d'une mélancolie qui n'était guère dans son tempérament : « Que la solitude, écrit-il, si douce quand l'âme est heureuse ou paisible, ou livrée à quelque travail, est vide et cruelle quand on est triste!... O fragile destinée de l'homme! Un nuage a passé sur ma tête, et ma tête n'est plus qu'un laboratoire de pressentiments fâcheux et lugubres. » Pour la première fois de sa vie, il lui arrive, par intervalles, d'éprouver quelques craintes sur sa fortune et sur sa renommée. Comment, en effet, ne pas voir un retour sur soi-même en ces lignes datées d'Avignon, au lendemain d'une visite à la fontaine de Pétrarque : « Cette rivière de Vaucluse, dont la source est si belle et si pure, n'a ni une longue ni une brillante destinée. Elle n'arrive pas aux honneurs du fleuve; elle va se jeter dans la Durance, qui est elle-même engloutie par le Rhône. C'est l'image de

quelques hommes qui, avec une noble origine
et de brillants débuts, vivent sans gloire et
meurent sans éclat! »

Peu de pressentiments furent aussi promptement justifiés. Quand arrive la Révolution,
Guibert se jette tout d'abord dans la lutte avec
l'enthousiasme et l'ardeur qu'il mettait à
toutes ses actions. Les idées en honneur
n'étaient-elles pas au fond les siennes? N'avait-
il pas prédit, deviné, formulé d'avance les
revendications que le vœu du pays portait aux
États-Généraux? Théoricien, réformateur, orateur, patriote, sa place n'était-elle point
marquée dans la grande assemblée dont la
France attendait sa régénération? Nul n'en
doutait, et lui moins que personne. Au mois de
mars 1789 il posa sa candidature dans la province du Berry. Les trois ordres tenaient une
assemblée à Bourges; Guibert s'y présenta,
voulut prononcer un discours. Mais à peine
a-t-il dit trois mots, que des murmures
s'élèvent, puis des clameurs, puis des huées
formidables. On ne sait quel ennemi perfide
avait semé des bruits calomnieux sur son
compte, l'avait représenté comme l'auteur res-

ponsable des mesures de rigueur édictées, dans ces derniers temps, pour ramener dans l'armée l'esprit de discipline[1]. Officiers et soldats, animés de la même fureur, l'accablent à l'envi, mais pour des motifs opposés : « Il a fait, crient les uns, établir la punition des fers pour les officiers ! Il a fait rendre des ordonnances qui humilient la noblesse ! — Il a proposé de couper les jarrets aux déserteurs ! reprend le Tiers-État. Il a fait donner des coups de bâton aux soldats ! » — « J'ai essayé d'entrer en justification, écrivait le lendemain Guibert. Les cris couvraient ma voix, toujours les mêmes cris ! *Les fers aux officiers ! — Des coups de* » *bâton aux soldats !* » Les uns disaient : « *Qu'il* » *se justifie !* » D'autres : « *Non, nous ne l'écou-* » *terons pas, rompons l'assemblée*[2] *!* »

Après une heure de lutte, il fallut céder à l'orage. Guibert s'en revint à Paris, écœuré

---

1. En 1787, le comte de Guibert avait été nommé rapporteur du Conseil de la guerre, établi pour réorganiser l'armée. Son ancienne et étroite intimité avec M. de Saint-Germain le désignait, de plus, à l'hostilité de ceux qui avaient jadis combattu le ministre de la Guerre et avaient plus ou moins souffert de ses tentatives de réformes.

2. *Précis de ce qui s'est passé à mon égard à l'assemblée du Berry,* par le comte de Guibert.

de tant d'injustice, découragé, blessé dans son
orgueil, et déçu dans son ambition. Il semblait
que ce coup l'eût atteint dans ses œuvres vives,
eût brisé le ressort de son âme, irrémédiable-
ment détruit sa force morale et physique. De ce
jour, en effet, il ne fit que languir; une fièvre
lente le prit et ne le quitta plus. Un an plus tard [1],
il mourait à Paris, dans sa quarante-septième
année. Dans le délire qui précéda sa fin, il ne
cessait de répéter : « Ma conscience est pure ;
ils me rendront justice! » Ce vœu suprême
de l'agonie ne fut point exaucé. Le regret des
siens n'eut d'égal que l'indifférence du public.
La tourmente révolutionnaire engloutit, dis-
persa au vent les matériaux si laborieusement
préparés pour édifier sa gloire. Une jeune littérature, destructrice du passé, brisa les vieux
moules consacrés par des traditions séculaires.
Les tragédies pompeuses, les discours historiques, furent relégués parmi les reliques
vénérables qui moisissent tristement sur les
rayons poudreux de nos bibliothèques. Même
sort pour les méthodes tactiques, pour les

____

1. Le 6 mai 1790.

règles de stratégie, neuves et hardies quand elles furent mises au jour, mais que le génie créateur du conquérant de l'Europe fit vite tomber au rang de formules surannées. Guibert, comme académicien, n'eut même pas le banal honneur du panégyrique officiel. L'Académie est supprimée avant qu'il y soit remplacé ; lorsque, quelques années plus tard, elle renaît de ses cendres, Guibert a si bien disparu, que l'immortel qui occupe son fauteuil ne songe même pas à prononcer son nom.

Pour qu'après vingt ans de silence ce nom, jadis retentissant, revive dans la mémoire des hommes, il faudra qu'une main pieuse exhume les lettres douloureuses de celle qui l'aima tant et dont il se soucia si peu. Ce rapide épisode, qui ne marqua guère dans sa vie, fut ce qui sauva de l'oubli l'auteur de la *Tactique*, le poète du *Connétable*, l'historien de Catinat, le héros célébré par la société de son temps, la plus brillante qui fut jamais. De l'homme vraiment supérieur, doué de si rares talents, qui s'appela le comte de Guibert, il ne demeura guère pour la postérité que l'amant adoré de mademoiselle de Lespinasse. Nouvel exemple

— et non des moins frappants — du néant de
la gloire, de la vanité des calculs! N'est-ce pas
ainsi — qu'on me passe cette comparaison —
n'est-ce pas ainsi qu'à la fin d'un feu d'artifice,
quand la dernière pièce est éteinte et que le
fracas a cessé, l'on voit parfois encore briller
dans les ténèbres un point lumineux persistant?
C'est quelque amas de feuilles, quelque humble
nid de mousse, dont un éclat égaré de fusée a
fait un brasier rougeoyant. Sur l'emplacement,
à présent désert, de la fête, gisent tristement
des armatures de bois, des débris de carton;
mais bien longtemps encore luira, perçant le
mystère de la nuit, une ardente et pure étincelle.

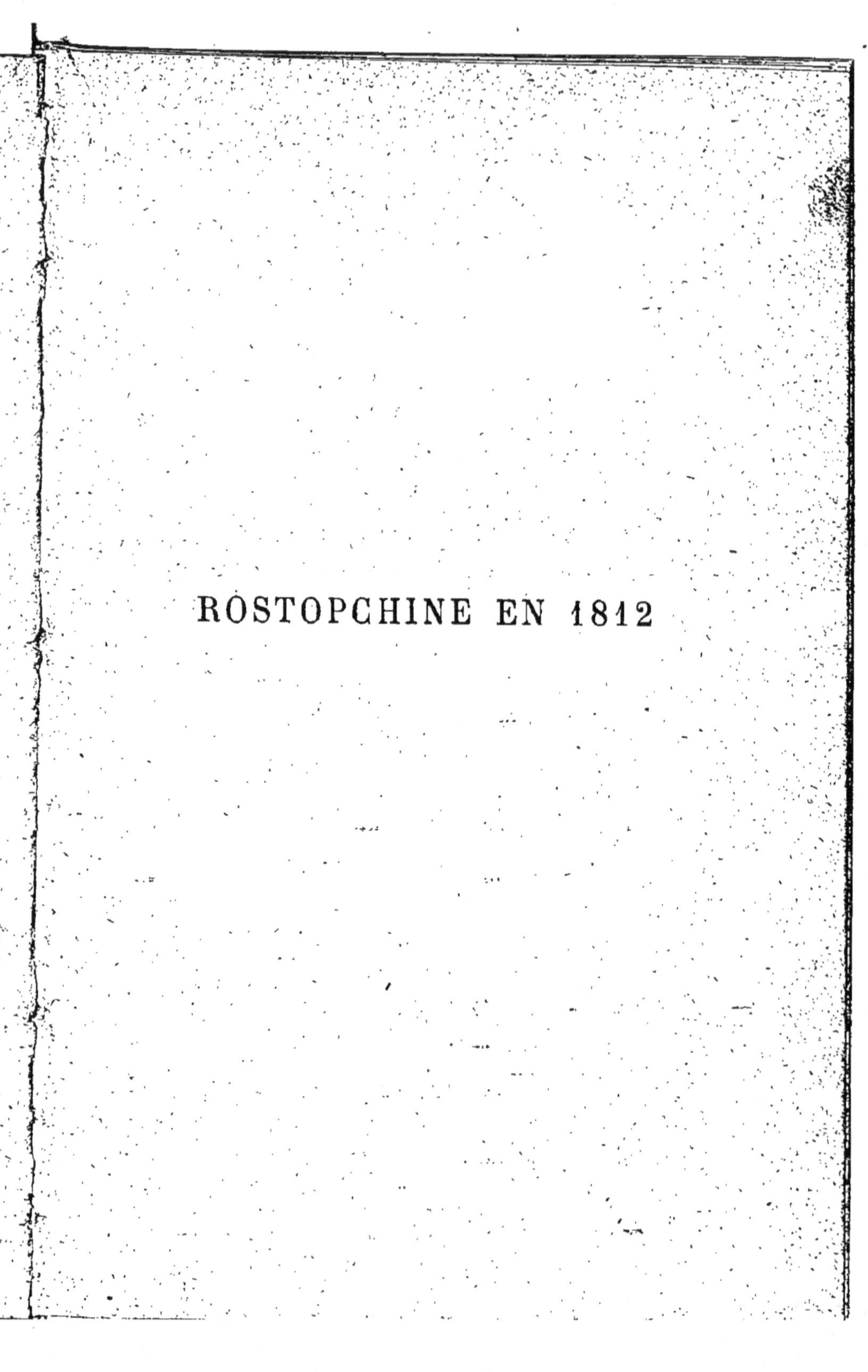

ROSTOPCHINE EN 1812

SOURCES PRINCIPALES

Lettres inédites du comte Rostopchine à l'empereur Alexandre, pendant l'année 1812. — *Lettres de Rostopchine au comte Woronzoff*, Moscou, 1876. — *Vie du comte Rostopchine*, par le marquis de Ségur, 1871. — *Rostopchine et Kutuzof*, par Schnitzler, 1863; etc.

L'un des mérites du siècle qui vient de disparaître — c'est presque un lieu commun que de le constater — est à coup sûr le souci scrupuleux de l'exactitude historique. L'évocation du passé, qui longtemps fut surtout un art, est devenue plutôt une science, une science patiemment édifiée sur des fondements solides, d'après des données rigoureuses. Des temps les plus lointains jusqu'à l'époque actuelle, une revision s'est opérée de toùs les jugements de l'histoire; tous les récits ont été contrôlés par une critique sévère; toutes les allégations des conteurs et des chroniqueurs ont passé tour à tour au crible, sans respect du grand âge qui les rend vénérables. Le chiffre est effrayant des faits jadis considérés comme des vérités établies et

reconnus au bout du compte pour des erreurs
accréditées. Un phénomène pourtant est digne
de remarque. Presque toujours, du moins pour
la masse du public, malgré les preuves certaines et les documents authentiques, la Légende
survit à l'Histoire. Le cerveau populaire se
montre réfractaire au redressement qu'on lui
veut imposer; l'imagination de la foule s'en
tient obstinément à la tradition séculaire, à tel
geste, à tel mot soi-disant historique, dont on
s'efforce en vain à lui démontrer la fausseté.
« *Paris vaut bien une messe* » du bon roi
Henri IV; l'arquebuse du roi Charles IX sur le
balcon du Louvre; « *l'État c'est moi* » de
Louis XIV, entrant au parlement botté et le
fouet à la main : que de générations encore
vivront sur ces souvenirs, garderont pieusement ces images!

Ne serait-ce pas que la légende, tout erronée
qu'elle soit dans le sens absolu du terme, est
vraie parfois d'une vérité plus haute que la
réalité matérielle et brutale? Sous une forme
frappante, ramassée, pittoresque, elle sym-
bolise l'état moral d'un personnage ou d'une
époque. Elle fait saillir d'un vif relief, délimite

d'un contour précis, des abstractions compli-
quées ou nuageuses; et, si le fait est con-
trouvé, l'impression du moins est exacte.

Ces idées me hantaient en relisant, ces
temps derniers, les multiples récits du tragique événement qui fait l'objet de cette étude.
Pour le vulgaire, la chose est simple : Rostopchine est et restera l'incendiaire de Moscou; on
se le représente parcourant, la torche à la main,
les quartiers de la cité sainte, allumant, attisant
le brasier gigantesque où s'engloutira la fortune
du conquérant jusqu'alors invaincu. L'épisode
cependant cache un problème obscur et difficile; les plus sagaces et les plus érudits ont
émis sur ce point des opinions contradictoires.
Rostopchine, pour les uns, est bien l'auteur
responsable et direct, l'ordonnateur conscient
de l'effroyable catastrophe. Son rôle, pour
certains autres, se borne à l'avoir inspirée,
préparée moralement et rendue presque inévi-
table, mais non pas accomplie ni personnel-
lement dirigée.

Enfin, de notre temps, le premier des écrivains russes dans le plus beau de ses romans,
le comte Tolstoï dans *la Guerre et la Paix*,

a poussé plus loin la hardiesse de ses affir-
mations. La destruction de la ville de Moscou
n'est, à ses yeux, qu'un effet du hasard, un
accident fortuit, un « fait divers » colossal,
d'où la main des hommes est absente, dont il
ne faut accuser ni glorifier personne : « Moscou
a brûlé, prétend-il [1], comme aurait pu brûler
n'importe quelle ville construite en bois,
comme n'importe quel village, fabrique ou
maison, qui auraient été abandonnés par leurs
propriétaires et envahis par les premiers
venus. » Ce qui achève de compliquer l'énigme,
c'est que le héros de l'histoire, dix années après
l'événement, s'est appliqué à se découronner
lui-même de l'auréole attachée à son front :
« On aurait tort, a écrit Rostopchine dans
sa fameuse brochure de 1823 [2], de ne pas
ajouter foi à mes paroles, puisque je renonce
au plus beau rôle de l'époque et que je fais
crouler moi-même l'édifice de ma célébrité. »

Entre ces avis opposés, après tant d'ouvrages
excellents — dont le dernier en date, et le plus
complet de beaucoup, a des droits tout spé-

1. *La Guerre et la Paix*, t. III, p. 173.
2. *La vérité sur l'incendie de Moscou.*

ciaux à mon respect filial [1] — il pourrait sembler présomptueux que je ressuscite le débat. J'invoquerai pour excuse que, depuis ces publications, certains documents ont surgi de la poussière des vieilles archives, qui, sans dissiper tout à fait les ténèbres de la question, y ont jeté au moins un nouveau rayon de lumière. Ce sont, d'une part, les lettres du comte Rostopchine à son ami le comte Woronzoff, éditées à Moscou en 1876, lettres confidentielles, abondantes en révélations, en jugements audacieux, libres et passionnés, qui ont fait comparer l'auteur à un Saint-Simon moscovite. Et d'autre part, tout récemment, une communication gracieuse — dont je dois, à mon vif regret, respecter l'anonyme — a mis entre mes mains la correspondance personnelle du gouverneur général de Moscou avec l'empereur Alexandre pendant l'année 1812, correspondance enfouie dans des dépôts dont rien jusqu'à présent n'avait pu la sortir. Elle éclaire curieusement la psychologie — l'état d'âme, dirait-on aujourd'hui — de Rostopchine en cette

____

1. *Vie du comte Rostopchine*, par le marquis de Ségur.

période terrible; et peut-être y peut-on trouver,
à défaut du mot de l'énigme, au moins des
présomptions qui rapprochent de la certitude.
C'est dans cette mine précieuse que j'aurai surtout à puiser.

I

On n'attend pas ici la biographie détaillée
du comte Théodore Rostopchine. Parmi les
aspects si variés de cette originale figure, je
retiendrai seulement les traits qui peuvent
nous éclairer sur ses idées et sa conduite dans
la phase principale de sa vie politique. Une fois
déjà, avant 1812, il s'était vu mêlé aux grandes
affaires de son pays. Intime ami du grand-duc
Paul, le fils de Catherine II, l'avènement au
trône impérial du compagnon de sa jeunesse
avait fait pleuvoir sur sa tête honneurs, charges
et dignités. Du rang modeste de « capitaine-lieu-
tenant » et de « gentilhomme de la chambre »,
il s'était élevé en deux ans aux plus brillants et
importants emplois. Aide de camp du nouvel
Empereur, puis lieutenant général, directeur

général des postes, membre du conseil impérial, enfin, le 17 octobre 1798, ministre des affaires étrangères : voilà par quels échelons, à l'âge de trente-trois ans, il avait atteint rapidement le plus haut sommet du pouvoir.

Pour que sa fortune égalât celle des grands favoris des règnes précédents, une seule illustration manquait : l'un de ces titres princiers dont les potentats moscovites n'étaient jamais avares. Et l'empereur Paul, par taquinerie, l'attaquait un jour sur ce point, en présence de la Cour : « Pourquoi n'êtes-vous pas prince? demandait-il à brûle-pourpoint. — Sire, répliquait sur-le-champ Rostopchine, c'est que celui de mes aïeux qui vint de Tartarie s'établir en Russie y arriva dans la saison d'hiver. — Et que vient faire ici la saison? interrogea l'Empereur. — Sire, lorsqu'un seigneur tartare paraissait pour la première fois à la Cour, le souverain lui donnait à choisir entre une pelisse de fourrure et un titre de prince. Mon aïeul arriva lorsqu'il faisait grand froid : sans hésiter il a choisi la pelisse. » Le Tzar rit de bon cœur et l'entourage du bout des dents.

Cette audacieuse indépendance, Rostopchine,

dans ses hautes fonctions, saura la déployer en des occasions plus sérieuses. Son amitié, son dévouement pour la personne de Paul Ier, ne le feront jamais plier aux caprices du despote. Il tiendra tête aux fantaisies dangereuses d'un maître extravagant et déséquilibré, bon au fond et rempli d'intentions honorables, mais aveuglé par les passions, tour à tour faible et violent, ivre d'orgueil et rongé de méfiances. Devant les refus du ministre, l'autocrate s'emporte souvent, le chasse de sa présence et l'exile de sa Cour, pour le rappeler peu d'heures après et lui rendre justice. Certain jour notamment, dans un accès d'indignation contre les fournisseurs de l'armée impériale, Paul dicte à Rostopchine l'ordre de confier aux fabricants anglais la fourniture annuelle du drap des uniformes, coup mortel pour l'industrie russe. Après des objections brutalement repoussées, le comte écrit la note, la présente à la signature ; après quoi, reprenant la plume, il met quelques lignes au bas : « Il me semble, monsieur, s'écrie vivement l'Empereur, que vous avez ajouté du vôtre à mon ordre? — C'est vrai », dit Rostopchine, en lui tendant la lettre. Et le Tzar

lit ces mots tracés de la main du ministre :
« N'en faites rien. Il est fou! » Le Tzar pâlit,
marcha quelque temps dans la chambre; puis,
s'arrêtant, il saisit le papier, le jeta dans le feu,
et s'adressant à Rostopchine : « Vous avez
raison, lui dit-il, et je vous remercie. Fasse le
ciel que tous mes serviteurs vous ressemblent! »

Ce trait et d'autres du même genre que je
pourrais citer donnaient le droit à Rostopchine,
après sa retraite du pouvoir, de se rendre le
témoignage qu'il n'avait pas trahi la confiance
de son maître. « Je puis dire, écrira-t-il à son
ami le comte Woronzoff[1], que j'ai rendu des
services essentiels à ma patrie, en arrêtant
trois fois des déclarations de guerre... J'ai
remis 2 400 000 roubles dans la caisse du
département des postes, dont j'ai doublé les
revenus en empêchant la fraude et le vol. J'ai
épargné à la couronne près de 30 000 roubles
par an en appointements pour ma personne...
Les femmes n'avaient aucun crédit sur moi, car
j'aime et respecte trop la mienne; mon estomac
gâté se refusait à l'appétit de la bonne chère;

1. 20 juin 1801.

l'adulation, la bassesse et l'intrigue ne parve-
naient pas jusqu'à moi, car j'avais déjà connu
et étudié les hommes avant d'être en place. Je
laisse au temps à me rendre justice, et, en
attendant, je jouis du plus grand bienfait de la
Providence : celui de goûter un bonheur pur
dans une retraite que je me suis choisie moi-
même et que j'arrange d'après mes idées. »

Comme nous l'apprennent ces dernières
lignes, Rostopchine s'était vu contraint, vers
le milieu de l'année 1800, à la suite d'événements dont je n'ai pas à donner le détail, de
remettre à l'Empereur la démission de toutes
ses charges. On me laissera seulement citer la
lettre où, quelques semaines à l'avance, il expli-
quait à Woronzoff les motifs de sa décision :
« J'ai servi, lui dit-il[1], et je sers encore, pour
être utile à mon maître et à mon pays. Mes
efforts sont vains; je ne suis bon à rien, et je
me tue en voyant ce qui se fait et ce que je
ne puis empêcher de faire... Vous m'appelez
ministre; et je ne suis qu'un secrétaire, mal

____
[1]. 28 mars 1800.

vu du public comme un homme que l'on suppose jouir de la confiance d'un maître qu'on n'aime pas, assuré de la haine de l'Impératrice et de l'Héritier, ayant sacrifié ma santé pendant quatre ans d'un travail infernal! » Son impuissance à faire prévaloir ses idées ne lui permet donc plus de garder un titre inutile : « Malgré ma répugnance à quitter le service à trente-cinq ans, je me suis dit que je n'y peux plus rester. Je ne sais l'époque; mais dans trois mois je serai sur mes terres, d'où je ne bougerai pas de longtemps. Voilà ma résolution inébranlable. Je le dois à mon honneur, à ma famille, et à l'attachement que je porte à l'Empereur, que j'aimerai partout où je serai, regrettant que la Providence et l'infâme comte Pahlen l'aient doué de cet esprit de soupçon qui lui fait prendre le zèle des serviteurs dévoués pour l'envie de le dominer. Je ne peux ni changer mon caractère, ni me rendre maître de mon visage et me plier où il le faut. J'ai été droit chez moi, chez l'Empereur; je le serais sur l'échafaud! »

Il se tint fidèlement parole; rien ne put changer son dessein. A l'époque fixée dans sa

lettre, il quitta les affaires et vint, parmi les
siens, chercher un repos bien gagné dans le
vaste domaine qu'il possédait à treize lieues
de Moscou. Six mois plus tard, en cette demeure
lointaine, un billet de la main du Tzar, apporté
par courrier spécial, l'arrachait de sa quiétude :
« J'ai besoin de vous. Revenez vite. PAUL. »
Cette courte ligne était tout le message. Le
cœur serré d'angoisse, Rostopchine partit sur-
le-champ. Comme il touchait Moscou, une
lugubre nouvelle, arrivée en même temps que
lui, arrêta son voyage : Paul était mort, assas-
siné; et le chef du complot était ce comte
Pahlen, dont les intrigues avaient brouillé
l'Empereur avec son serviteur fidèle. Rostopchine rebroussa chemin et regagna sa terre,
où de longues années s'écoulèrent dans une
obscurité silencieuse et tranquille.

II

Tranquillité, à dire le vrai, moins réelle qu'apparente; silence parfois rompu par de brusques éclats. Les désastres de la Russie sur les champs de bataille, l'asservissement universel aux armes de Napoléon, et — plus encore que l'écrasement et la ruine matérielle — la conquête morale qui s'opère dans les hautes régions du pouvoir par l'irrésistible ascendant du dominateur de l'Europe, jettent Rostopchine en de furieux transports et lui arrachent des cris d'une brûlante éloquence. Russe, nul ne le fut jamais plus ardemment que lui; on peut dire qu'il fut, en son temps, le premier des *nationalistes*. Il veut pour son pays, non pas seulement l'indépendance au sens habituel de ce mot, mais l'affranchissement absolu de toute influence étrangère, la préservation de la race contre l'invasion des idées, des mœurs, des usage du dehors. Jadis, sur ce terrain, il a lutté contre l'Allemagne; c'est de la France maintenant qu'il prétend sauvegarder l'âme de ses compatriotes. En mars 1807, après Eylau et avant Friedland, un pamphlet jailli de sa plume, une sorte de proclamation lancée à ses concitoyens, traduit ces sentiments dans la langue imagée qui lui est habituelle, langue souvent familière, grandiose parfois, presque toujours frappante. Cette pièce, dont le succès fut extraordinaire, était intitulée : *Pensées à haute voix sur le Perron rouge, de Sila Andrevitsch Bogatizew.* J'en donnerai quelques courts extraits, afin qu'on puisse juger du souffle qui l'anime.

« Sila Andrevitsch Bogatizew, lieutenant-colonel en retraite, blessé à la guerre, se rendit à Moscou pour prendre des informations sur ses deux fils qui se trouvaient à l'armée... Il s'assit sur le Perron rouge pour se reposer, mit ses coudes sur ses genoux, soutint sa tête vénérable avec ses mains, et se mit à dire tout haut:

» — Mon Dieu, y aura-t-il une fin à tout ceci?

Resterons-nous encore longtemps à .imiter les singes? Ayez pitié de nous, Seigneur! N'avez-vous donc créé la Russie que pour qu'elle nourrisse, engraisse et enrichisse toute la canaille étrangère; et encore sans que personne dise merci à la nourrice? Qu'il arrive un Français échappé à la potence, aussitôt on se l'arrache; et lui, fait des façons, se dit prince et gentilhomme... et il n'est, en réalité, qu'un laquais ou un boutiquier, ou un commis de la gabelle, ou un prêtre interdit... Qu'enseigne-t-on aujourd'hui aux enfants? A bien prononcer le français, à tenir les pieds en dehors et à se friser les cheveux. Celui-là seul est spirituel et charmant, qu'un Français prendra pour son compatriote. Comment pourront-ils aimer leur patrie, quand ils savent mal leur propre langue? Comment feront-ils pour défendre leur foi, leur souverain, leur pays, si on ne leur enseigne pas la loi de Dieu, et s'ils traitent d'ours les Russes? Leur cervelle est à l'envers; ils ont leur cœur sur la main, et tout leur esprit au bout de la langue!... »

A la satire amère succèdent d'ardentes exhortations à secouer un joug humiliant, à retourner aux coutumes vénérables, léguées par les aïeux qui ont fait puissante la Russie. Et l'écrivain, pour terminer, évoque, en visions enflammées, la revanche de l'avenir et le triomphe de sa patrie : « Gloire à toi, victorieuse armée russe, portant le glaive au nom du Christ! Gloire à notre Empereur, et à notre mère la Russie! Triomphe, Empire russe! L'ennemi du genre humain recule devant toi; il ne peut lutter contre la force invincible. Il est venu comme un lion furieux, croyant tout dévorer; il fuit comme un loup affamé, et grince des dents. La victoire est devant toi, Dieu avec toi, et la Russie derrière toi! » Ayant ainsi épanché ce qu'il avait sur le cœur, Sila Andrevitsch porta avec enthousiasme vers le ciel ses yeux qui se remplirent de larmes. Ensuite il se leva, jeta un regard sur le Kremlin, fit le signe de la croix, et retourna chez lui. — Que la paix soit avec toi, Sila Andrevitsch, et que Dieu t'accorde encore de longues années pleines de prospérité! »

Le retentissement de ces pages fut immense

dans toute la Russie. A Moscou notamment, la
« Rome asiatique », comme la nommait madame de Staël, centre et berceau du vaste
empire, asile de la vieille noblesse, foyer des
antiques traditions, ce fut comme le coup de
clairon qui réveille les troupes endormies.
L'appel de Rostopchine courut de lèvre en
lèvre ; et de ce jour data sa popularité. Lorsque,
cinq ans plus tard, vint l'heure de la lutte formidable, quand il fallut donner à la grande
capitale un chef en qui tous eussent confiance,
un chef dont la main vigoureuse pût faire de la
ville sainte le suprême rempart de l'Empire, le
même nom, en même temps, jaillit de toutes
les bouches ; et le choix de l'Empereur fut dicté
par celui du peuple.

Il ne fallait pas moins que cette pression
morale pour triompher, dans le cœur d'A-
lexandre, d'une antipathie personnelle. Jamais
il n'avait eu de goût pour le ministre de Paul Ier ;
et Rostopchine, de son côté, n'avait rien fait
pour dissiper les préventions du maître, car il ne
pardonnait pas au Tzar son inexplicable indulgence pour les meurtriers de son père. « Com-

ment Dieu pourrait-il bénir les armes d'un mauvais fils? » avait écrit le comte au lendemain d'Austerlitz. L'Empereur sut le propos, et fut blessé profondément. Cependant, au printemps de l'an 1812, quand — pour la première fois depuis l'avènement d'Alexandre — Rostopchine vint à Pétersbourg, pour faire placer son fils aîné dans un des régiments que l'on organisait, l'Empereur, la veille de son départ, le mandait au palais et lui offrait à brûle-pourpoint le gouvernement général de Moscou — la ville et la province — qui allait devenir, comme dit le nouveau dignitaire, « la place la plus importante aux approches d'une guerre à outrance [1]... Je me chargeai, continue-t-il, de remplir ce poste, où je vis bien qu'il y aurait beaucoup à faire. J'y succédais au maréchal Goudowitch, trop vieux pour être actif, et trop mal entouré pour faire le bien. »

Quinze jours plus tard, il était en fonctions; et c'est alors que s'inaugure la correspondance régulière dont j'ai parlé plus haut, où, librement, le serviteur s'épanche à l'oreille de son

1. *Lettre de Rostopchine à Woronzoff*, du 28 avril 1813.

maître, sans épargner ni les mots crus ni au besoin les remontrances, sorte de causerie familière, où bouillonne la passion de son âme excessive, où l'on voit l'homme à nu, avec ses préjugés, son énergie farouche, la ferveur exaltée de son patriotisme.

III

Il travailla d'abord à remettre en état les
rouages usés ou faussés de l'administration.
Ses premières lettres à l'Empereur présentent
à cet égard un tableau peu flatté : « La police,
écrit-il[1], me coûtera peu de peine, car elle
n'était qu'engourdie; mais la justice est à l'en-
chère, et à vil prix. » La ville est infestée d'une
nuée de vagabonds, « mendiants le matin,
voleurs le soir, et commettant des désordres
la nuit ». La plus honteuse débauche s'étale en
des bouges innombrables, « où le peuple pêle-
mêle s'enivre, joue et se perd ». Des bandes
d'illuminés, pamphlétaires ou prédicateurs,
surexcitent la population, empoisonnent les

1. Lettre à l'Empereur, du 7 juin 1812.

esprits, répandent en des âmes ignorantes des idées subversives et de périlleuses utopies. De ce relâchement général, il ne veut pas, dit-il, accuser son prédécesseur : « Il est né borné, il a trop vécu, et il a fini par être le jouet de deux brigands, son frère Michel et le docteur Salvator, » lequel, par le pillage, s'est amassé en peu d'années une somme rondelette de 400 000 roubles. « Tous ces gueux distingués, dit-il en guise de conclusion, veulent voir ma manière d'administrer pour savoir ce qu'ils ont à faire. »

Ils furent promptement fixés. Les prévaricateurs envoyés en exil, les vagabonds embrigadés de force, expédiés aux armées, les cabarets étroitement surveillés et fermés au premier délit : ces mesures vigoureuses répandent, dès la première semaine, une salutaire terreur, tandis que d'habiles procédés gagnent le cœur du petit peuple : « Mes deux visites à la chapelle de la sainte Vierge Iwerskaïa, l'accès que j'accorde à chacun, les poids vérifiés, cinquante coups de bâton appliqués sous mes yeux au bas officier préposé à la vente du sel... tout cela me concilie l'affection de vos bons et fidèles sujets. » Quant aux théoriciens, aux réformateurs de carrefour, qui appartiennent pour la plupart à la secte des *Martinistes*, ils sont moins aisés à atteindre, et d'obscures protections les défendront longtemps contre la haine farouche dont les poursuit le nouveau gouverneur. Vainement réclame-t-il de l'Empereur la permission secrète d'agir énergiquement contre eux : « Décidez-vous, Sire [1], pour prévenir de grands malheurs. Ordonnez-moi de dire à ces gens qu'ils aillent sur leurs terres jusqu'à nouvel ordre. Je me charge d'attirer sur moi seul leur animosité, en donnant à cet exil l'air d'un coup d'autorité de ma part. » L'ordre impérial n'arriva pas; et ce fut Rostopchine tout seul qui, peu de jours avant l'heure décisive, prit sur lui de se délivrer, par une expulsion arbitraire, de l'obstacle le plus tenace qu'ait rencontré son pouvoir absolu.

Toutefois la besogne essentielle qu'il s'assigne dès le début, l'objet qu'il poursuit sans relâche avec une inlassable ardeur, c'est bien

1. 6 août 1812.

moins la restauration de l'ordre matériel que
le relèvement des esprits. Ce qu'il veut avant
tout, c'est ranimer la foi dans la force de la
Russie, accoutumer le peuple à mépriser l'envahisseur, « en lui promettant, comme il dit,
une victoire facile et certaine par la persévé-
rance et le courage ». Son mérite fut de découvrir, sous une apparente inertie, le patriotisme
réel et la passion latente, de faire jaillir des
cendres l'étincelle qui promptement se trans-
forme en brasier, de révéler ainsi ses concitoyens à eux-mêmes et à leurs ennemis stupéfaits. « Napoléon, écrira-t-il plus tard [1], n'avait
aucune idée de l'*homme russe*, qui se montra à
cette époque dans tout son éclat. Il lui a fallu un
grand danger pour déployer un grand caractère... Le peuple russe porte dans son énergie
morale et dans sa force physique l'assurance
du succès. Il dit : « Tout est possible. Pour-
» quoi pas? On ne meurt pas deux fois. » Et
avec ces mots il entreprend tout, succombe ou
réussit. L'empereur Alexandre ayant dit :
« Guerre à mort », les Russes répondirent :

1. *La vérité sur l'incendie de Moscou*, 1823.

« Nous sommes prêts. » On n'a pas eu
besoin de les stimuler par des promesses ou
des récompenses. On n'avait qu'à dire :
« Allons », et ils vous suivaient : « Donnez »,
et ils apportaient tout ce qu'ils avaient! »

Ce réveil magnifique fut, pour la plus
grande part, l'œuvre de Rostopchine. Par ses
discours, par ses écrits, par le feu contagieux
qui brûlait en son âme, il électrisa tout un
peuple; il lui souffla sa propre ardeur, ses
enthousiasmes et ses haines. Le danger qu'il
redoute le plus, c'est la séduction exercée sur
l'imagination naïve de ses compatriotes par le
prestige du conquérant, les promesses qu'il
apporte, le mirage qu'il fait luire de la liberté
reconquise et de l'égalité des biens. Aussi
est-ce un des points sur lesquels il s'acharne à
les désabuser. « Ne craignez rien, dit-il dans
sa première proclamation; il est survenu un
orage, nous le dissiperons; le grain se moudra
et deviendra farine. Gardez-vous seulement des
ivrognes et des imbéciles. Ils ont les oreilles
larges, et soufflent des sottises dans celles des
autres. Il y en a qui croient que Napoléon
vient pour notre bien, tandis qu'il ne pense qu'à

nous écorcher... Et pour cela, je vous prie,
si quelqu'un des nôtres ou des étrangers se
met à le louer ou à promettre en son nom ceci
ou cela, empoignez-le, quel qu'il soit, et menez-
le à la police. Honneur, gloire et récompense à
qui le prendra! Et quant au coupable, je
saurai lui faire entendre raison, fût-ce un
géant... Je vous jure, mes amis, que l'Empereur a aussi confiance en vous que si vous
étiez les murs du Kremlin; et je suis prêt à
engager ma parole pour vous. Ne m'en faites
pas repentir! »

Les actes répondent aux discours. Il voit tout,
entend tout, surveille tout par lui-même; et
son activité, pendant ces mois de fièvre, tient
vraiment du prodige. « S'il s'agit de marcher,
s'écriait-il en prenant possession de son poste,
je me mettrai devant vous; de se reposer, je le
ferai après vous. » Ce qu'il promet ainsi, il
l'exécute à la lettre. De la prise de Smolensk à
la destruction de Moscou, il ne dormit pas une
nuit dans son lit. « Je me couchais tout habillé
sur un canapé, dit-il dans ses Mémoires, continuellement réveillé pour lire les dépêches qui
m'arrivaient de toutes parts, pour causer avec

les courriers et les réexpédier sur-le-champ. »
A toute heure, la nuit comme le jour, les habitants de la ville de Moscou le rencontraient circulant par les rues, se mêlant aux groupes populaires, s'enquérant des désirs et des besoins de ses administrés, comme un père parmi ses enfants, fortifiant leur confiance, animant leur courage par ses propos familiers, énergiques, que traversent souvent des éclairs d'éloquence.

A ce métier la popularité vient vite. L'enthousiasme des Moscovites pour le gouverneur général va jusqu'au fanatisme : « Je puis vous assurer, écrira-t-il à Woronzoff, que Mahomet était moins aimé et obéi que moi pendant le mois d'août; et tout cela avec des paroles, beaucoup de *charlatanerie*, et point de sévérité. » Quand, le 23 juillet, le Tzar se rendit à Moscou, il constata, non sans surprise, cet extraordinaire ascendant. Surmontant son antipathie, il détacha de sa tunique une agrafe en diamants, qui figurait son chiffre, et l'attacha lui-même à l'épaulette de Rostopchine : « A présent, lui dit-il, il faudra bien que tu me portes sur tes épaules! »

Alexandre, d'ailleurs, put juger par ses yeux
de l'effervescence généreuse qui embrasait la
capitale, lors de la lecture à haute voix du
rescrit impérial qui appelait la nation aux
armes. Les Mémoires du comte Rostopchine,
dont sa famille possède quelques fragments,
décrivent en termes saisissants cette scène des
temps antiques : « Quand le lecteur, dit-il, en
vint à cette phrase qui annonçait que l'ennemi
venait avec *la flatterie sur les lèvres et les fers
dans les mains*, alors l'indignation éclata tout
entière. On se frappait la tête, on s'arrachait les
cheveux, on se tordait les mains ; on voyait des
pleurs de rage couler le long de ces figures qui
rappelaient celles des anciens ; je vis un homme
qui grinçait des dents. On ne pouvait, dans ce
tumulte, distinguer les paroles qu'ils profé-
raient, mais on entendait des cris de fureur et
des gémissements... L'homme russe manifes-
tait en ce moment ses sentiments en liberté ; et,
oubliant qu'il était esclave, il s'indignait à la
pensée de subir le joug de l'étranger. On retrouvait dans cette occasion les véritables Russes ;
ils en avaient conservé le costume et le caractère ; leur barbe leur donnait un aspect vénérable

et imposant... Le notaire de la ville, n'ayant
que cent mille roubles de capital, souscrivit le
premier pour cinquante mille roubles. Il fit le
signe de la croix, en disant : « Je le tiens de
Dieu, je le donne à ma patrie. »

Cette ardeur héroïque de ses administrés, la
préoccupation constante de Rostopchine est de
la faire passer dans l'âme du maître de l'Empire,
d'inspirer au souverain la foi dans la victoire,
de le pousser, s'il est besoin, aux résolutions
violentes : « Je ne crains pas les revers, lui
disait-il au début de la guerre[1]; votre Empire
a deux puissants défenseurs dans son étendue
et dans son climat. Seize millions d'hommes
ont la même religion, la même langue; le
rasoir ne les a pas touchés, et les barbes sont
le rempart de la Russie. Le sang versé des
soldats produira des héros à leur place; et,
quand même des circonstances malheureuses
vous feraient prendre le parti de vous retirer
devant un ennemi victorieux, l'empereur de
Russie restera toujours formidable à Moscou,
terrible à Cazan et invincible à Tobolsk! » —

1. Lettre du 11 juin.

« Il faut défendre Moscou et se battre jusqu'à la mort, répétera-t-il deux mois plus tard [1]. La Russie perdra peut-être trois cent mille hommes, mais sa gloire sera sauvée et votre trône affermi ! »

Aussi multiplie-t-il, dans cette correspondance, les traits de la fidélité du peuple, gage certain du triomphe final : « Je n'en finirais jamais si je voulais rendre compte de toutes les preuves de leur zèle. Il n'y a sacrifices, ni peines, ni travaux qui leur coûtent; et vous pouvez dire : « Mes sujets sont à moi et à personne autre. » — « Hier, dit-il ailleurs [2], il est venu chez moi un jeune domestique qui me déclara qu'il lui a pris une telle rage de se battre avec les Français, qu'il en perd le sommeil et la santé. Je l'ai fait prendre comme soldat, et, avec le premier courrier, je l'enverrai au ministre de la guerre. » Citons encore ce témoignage : « J'ai vu beaucoup de paysans venus de cent cinquante lieues, bien montés, armés d'un sabre et d'une lance, pour combattre à côté des paysans du gouvernement de Moscou...

1. 10 août.
2. Lettre du 26 juillet.

Une vieille femme d'un des villages des environs m'amena ses deux fils pour les envoyer
à l'armée et, posant ses mains sur leurs têtes,
les yeux levés au ciel, prononça ces paroles :
« Allez, mes bons amis, et ne revenez chez moi
» que lorsqu'il n'y aura plus d'ennemis sur le
» sol de la Russie; autrement ma malédiction
» vous attend. »

Un tel état d'esprit n'était pas sans danger
pour la tranquillité publique; le gouverneur
avait peine quelquefois à retenir en de justes
limites l'excès de cette exaltation. « La seule
crainte que j'aie, confesse-t-il[1], est sur le
compte des étrangers, que le peuple a pris en
horreur. Tous ces jours-ci, il y a eu des his-
toires dans la rue; mais heureusement la police
y a mis ordre, et tout finit par quelques coups
donnés aux étrangers ou à ceux que l'on soup-
çonne de l'être. » Quand les choses vont trop
loin il intervient lui-même, réprimande avec
bonhomie ses trop bouillants concitoyens :
« Vous savez, leur dit-il dans une de ses affi-
ches, que je n'ignore rien de ce qui se passe à

1. Lettre du 23 juillet.

Moscou. Ce qui s'est passé hier n'est pas bien, et il y a de quoi vous gronder. Deux Allemands sont venus changer de l'argent, et la foule s'est mise à les frapper. L'un d'eux même est mort. On les a pris pour des espions; mais il fallait d'abord les interroger, et c'est mon affaire. Vous savez que je ne serai tolérant pour personne, quand ce serait un Russe. Mais qu'est-ce qu'il y a de merveilleux, pour une centaine de personnes, à battre un Français malade ou un Allemand en perruque? Si vous croyez avoir affaire à un espion, amenez-le-moi, mais n'exposez pas le nom russe à des reproches! » Je ne sais trop si, comme le dit Tolstoï, ces proclamations sont écrites « en style de cabaret »; mais je tiens pour certain qu'elles sont singulièrement habiles, faites pour toucher les cœurs simples et sans malice, auxquels s'adressait ce langage.

Avouons d'ailleurs qu'il ne recule devant nul stratagème et qu'une certaine « charlatanerie », comme il le reconnaît lui-même, lui est parfois d'un utile auxiliaire. C'est ainsi qu'il obtient qu'un groupe de prisonniers français, choisis parmi les plus chétifs, les plus malades et les plus exténués, lui soient envoyés à Moscou, et qu'il les promène par les rues, pour montrer à la foule quels pauvres adversaires ont l'audace de se mesurer contre l'ours moscovite.

Il faut, à mon avis, ranger parmi les mêmes moyens la curieuse invention du ballon incendiaire, qu'il fait construire, avec un apparent mystère, dans un des faubourgs de Moscou. Cet effrayant engin tient une grande place dans sa correspondance. Un juif, nommé Liepick, en conçut la première idée et s'en ouvrit à Rostopchine, qui fit accueil à ce projet. Peut-être eut-il d'abord quelque illusion sincère sur le succès de cette machine volante : « Je n'ai pas encore vu Liepick, écrit-il le 7 mai à l'Empereur, mais demain je lui ferai une longue visite, et je me fais une fête de faire la connaissance d'un homme dont l'invention rendra le métier de la guerre inutile, délivrera le genre humain de son infernal destructeur, vous rendra l'arbitre des rois et des royaumes, et le bienfaiteur de l'humanité. » Les travaux commencèrent dès la guerre déclarée. Il ne s'agissait de rien moins que de s'élever dans l'air au moyen d'un « chariot léger », actionné par des ailes tournantes, dirigé par un gouvernail, et d'emporter des caisses chargées de matières explosibles, que l'on ferait pleuvoir du ciel sur la tête de Napoléon. Un mois durant, cent ouvriers furent mis à cette besogne; d'immenses ballots de soie, de vastes caisses de vitriol, des pièces et des ressorts d'acier d'une forme extraordinaire, affluèrent sans relâche dans le mystérieux atelier, piquant au vif l'ardente curiosité du peuple. On ne parla pas d'autre chose pendant plusieurs semaines.

Est-il nécessaire d'ajouter que, des promesses de l'inventeur, aucune ne se réalisa. Quand Liepick déclara qu'il était prêt à tenter l'expérience, il fallut trois journées entières pour parvenir à gonfler le ballon, qui ne put s'élever qu'à grand'peine; les ailes ne tournèrent pas; le gouvernail fut sans action; bref cette histoire, bien qu'elle soit vieille d'un siècle, paraît être datée d'hier. « C'est avec regret que j'avoue à Votre Majesté la mauvaise réussite de Liepick, mande froidement Rostopchine, c'est un fou charlatan! » Mais quand cet échec fut public, on était au 29 août, la Grande Armée touchait aux portes de la capitale. Il n'était plus besoin d'alimenter d'un vain espoir l'imagination populaire; et la ville de Moscou elle-même, selon l'expression d'un témoin, « allait être la grande machine infernale dont l'explosion nocturne et subite dévorerait l'Empereur et son armée [1] ».

1. *Histoire de Napoléon et de la Grande Armée*, par le général comte de Ségur.

IV

Il est difficile d'apprécier à quel moment
précis germa dans l'âme de Rostopchine le plan
héroïque et farouche. Il conserva longtemps —
ses lettres en rendent témoignage — sinon la
foi dans une victoire qui rechasserait vers la
frontière les forces de Napoléon, du moins l'espoir de préserver Moscou de l'occupation étrangère. « Sire, écrit-il le 13 août, Moscou et ses
habitants vont faire cause commune avec les
armées qui défendent votre héritage et votre
gloire. Peu consentiraient à survivre à une
honte éternelle; et si l'ennemi pouvait un jour
parvenir à se rendre maître de Moscou, l'histoire de la Russie et de votre règne serait
souillée par une catastrophe dont l'idée seule
me met en fureur! » Cependant, peu après,

perce déjà la pensée dominante qui, au moment suprème, inspirera sa conduite, dirigera ses actions : « Si la Providence permet à Napoléon d'entrer à Moscou, il n'y trouvera rien pour satisfaire sa cupidité. L'argent sera emporté, et les effets enterrés... En voyant, écrit-il encore, que le sort de Moscou dépendait d'une bataille, je me suis décidé à faire écouler le peu de monde qui y restait, et je vous réponds sur ma tête que Bonaparte trouvera Moscou aussi désert que Smolensk. Tout a été emporté. Moscou, entre les mains de Bonaparte, sera un désert — *si le feu ne le consume* — et pourra devenir son tombeau[1]! »

Ces dernières lignes sont datées de la veille de la catastrophe. Elles concordent exactement avec les pages où, dix années plus tard, Rostopchine résuma pour la postérité sa politique en l'an 1812 : « J'avais, dit-il, deux objets importants en vue, dont je faisais dépendre la destruction de l'armée française : c'était de maintenir la tranquillité à Moscou, et d'en faire partir les habitants... J'ai voulu ôter à Napo-

_____

1. Lettres du 14 août et du 1er septembre.

léon toute possibilité de former des relations, de communiquer de Moscou avec l'intérieur de l'Empire, et de mettre en usage l'influence que le Français s'est acquise en Europe par sa littérature, ses modes, sa cuisine et sa langue. Par ces moyens, on aurait produit un rapprochement avec les Russes, et ensuite on aurait exigé des services. Mais, au milieu des gens qu'on trouva à Moscou, la séduction fut sans effet, comme envers des sourds et des muets. »

L'idée de l'incendie fut-elle dès lors au fond de son esprit? Une des phrases de la lettre que j'ai citée plus haut donne le droit de le supposer. Jamais d'ailleurs, en aucune circonstance, il n'avait reculé devant les moyens radicaux. Quelques années auparavant, causant familièrement avec son vieil ami le comte Razoumowski, ce dernier se plaignait à lui de l'indiscrétion d'une famille à laquelle il avait offert, assez imprudemment, une hospitalité temporaire, et dont il ne savait comment se délivrer : « Je m'y suis pris de toutes les façons, répétait-il à Rostopchine, mais je n'ai pu trouver un moyen honnête de les faire déguerpir. — Ma foi, lui dit froidement le comte, je ne vois qu'un parti à

prendre, et je n'y manquerais pas. — Et lequel?
— C'est de mettre le feu à votre château! »
Une Française, madame Louise Fusil[1], de qui
nous tenons le propos, fut également, six ans
plus tard, présente à l'incendie de Moscou; ce
ne fut pas sans un frisson qu'elle se souvint de
cette réplique.

C'est le 27 août — d'après le calendrier
russe — que parvint à Moscou le bruit de la
sanglante bataille livrée la veille entre Napoléon et le prince Kutuzof, sur les bords de la
Moskowa. Le général de l'armée russe, en
l'annonçant à Rostopchine, lui donnait l'assurance qu'un nouveau combat s'apprêtait sous
les murailles de la ville sainte, lui jurait « sur
ses cheveux blancs » que, plutôt que de livrer
Moscou, il ferait tuer jusqu'à ses derniers
hommes et mourrait lui-même à leur tête.
Rostopchine, quoi qu'on en ait dit, n'avait pas
contre Kutuzof une hostilité préconçue. Même,
au début de la campagne, signalant à l'Empereur la mésintelligence qui régnait, disait-il[2],

1. *Souvenirs d'une actrice.*
2. Lettres du 23 juillet et 6 août.

parmi les chefs de ses armées, c'est Kutuzof qu'il proposait comme généralissime : « Moscou désire que Kutuzof commande et fasse mouvoir vos forces; autrement, Sire, il n'y aura pas d'ensemble, tandis que Napoléon concentre tout dans sa tête. »

Après la Moskowa, malgré les preuves qu'il avait eues déjà de la duplicité du général en chef, il crut encore à sa parole, et s'attendit à un suprême effort pour défendre la capitale. Aussi le gouverneur fit distribuer des armes à tous les habitants valides, et leur assigna rendez-vous sur les collines qui dominent la cité : « Prenez du pain pour trois jours seulement, lit-on dans sa proclamation; allez avec la croix, précédés par les bannières que vous prendrez dans les églises, et rassemblez-vous sur les trois montagnes. Je serai avec vous; nous exterminerons ensemble les envahisseurs. Gloire dans le ciel à ceux qui iront; paix éternelle à ceux qui mourront; punition au Jugement à ceux qui reculeront! » Il fit sortir, en prévision de cette lutte acharnée, les femmes, les vieillards, les enfants, les malades avec les blessés, recommandant aux fugitifs d'emporter avec soi tout ce qu'ils avaient de précieux.

Sa propre femme et ses plus jeunes enfants — parmi lesquels l'aïeule de celui qui écrit ces lignes — étaient jusqu'à présent restés à ses côtés. Il les renvoya de Moscou et leur ordonna de se rendre dans une terre qu'il avait au nord de la Russie. A l'heure de la séparation, il s'agenouilla devant sa femme, et s'adressant à ses enfants : « Peut-être, leur dit-il, ne nous reverrons-nous plus en ce monde. J'ai voulu, avant de vous dire adieu, vous bénir, et demander pardon devant vous à votre mère des peines que j'ai pu lui causer... Souvenez-vous de ce moment et, si je meurs, obéissez-lui comme à moi-même. » Puis il les embrassa et donna l'ordre du départ.

Rostopchine, ce même jour, écrivit à l'Empereur : « Il est probable, lui dit-il, que Bonaparte nous attaquera après-demain. En cas que nos troupes laissent Moscou à l'ennemi, je joindrai le chef de l'armée, avec les troupes qui sont ici, et je servirai comme officier. » Une fois de plus, d'ailleurs, quelle que fût l'issue du combat, il encourageait Alexandre à lutter

jusqu'au bout, sans découragement ni faiblesse : « Que le mot de paix, Sire, soit éloigné
de vous. L'opprobre ne doit pas souiller l'histoire de votre règne, et couvrir d'une tache
ineffaçable la nation russe. Elle reprendra sa
place dans le monde, et vous triompherez de
votre cruel ennemi. Vos sujets versent leur
sang, et ne se rebutent pas. Mon maître, ne
vous laissez pas séduire; vous serez le sauveur
du monde! »

L'après-midi du 31 août — le 12 septembre
d'après notre calendrier — se passa tout
entier dans l'attente frémissante de la bataille
promise. Le matin du lendemain, un message
du prince Kutuzof convoqua Rostopchine au
quartier général de Setoun, à une demi-lieue
environ des faubourgs de Moscou, pour s'entendre avec lui, disait le généralissime, sur les
résolutions suprêmes. Le gouverneur s'y rendit
sur-le-champ. Il a conté lui-même, dans un
fragment de ses Mémoires, les détails de cette
entrevue : « Je trouvai le prince Kutuzof assis,
se chauffant auprès du feu. Il était entouré de
généraux, d'aides de camp, qui demandaient
des ordres. Il me reçut avec une grande poli-

tesse et me prit à l'écart. Nous restâmes à deux pendant une demi-heure. » Kutuzof, d'après ce récit, commença l'entretien par l'affirmation, plusieurs fois renouvelée, qu'il était décidé à livrer la bataille au point même où il se trouvait : « Je lui fis observer que le terrain derrière ses positions allait en pente assez rapide jusqu'à la ville et que, si l'ennemi faisait reculer un peu notre ligne, elle entrerait pêle-mêle avec lui dans les rues de Moscou. Il n'y aurait pas moyen de retirer de là notre armée, et il risquait de la perdre tout entière. » Telle était également l'opinion de Barclay, qui, peu d'instants après, disait à Rostopchine : « Voyez ce qu'on veut faire ! La seule chose que je désire, c'est d'être tué, si l'on veut faire la folie de se battre où nous sommes. » Mais Kutuzof, à toutes les objections, ne répondait que par des billevesées : « Il me pria de venir le surlendemain avec l'archevêque et les deux images miraculeuses de la Vierge. Il voulait, à ce qu'il disait, le faire passer le long de la ligne, avec le clergé en tête, récitant des prières et aspergeant les combattants d'eau-bénite. » Il conclut ce discours

en demandant au gouverneur de lui envoyer
le lendemain quelques bouteilles de vin, car,
assura le général en chef d'un air entendu et
sagace : « Je connais la méthode de Napoléon ;
il s'arrêtera ce soir, laissera reposer ses troupes
un jour, fera une reconnaissance après-demain,
et viendra m'attaquer le jour d'après. »

Rostopchine quitta Kutuzof le cœur plein
d'amertume, frémissant de colère contenue. Il
revint à l'état-major, où ce qu'il vit et entendit
acheva de le désespérer. Les généraux, serrés
en groupe compact, se querellaient et se con-
tredisaient entre eux ; aucun ne se doutait du
nombre d'hommes qu'il avait sous ses ordres ;
tous se plaignaient du généralissime et criti-
quaient les dispositions prises : Benningsen
déclarait hautement que la bataille n'aurait
pas lieu, et que Kutuzof le premier la savait
impossible. Même désordre et même confusion
dans les rangs inférieurs : « Les soldats
étaient mornes, les officiers abattus ; un chaos
terrible ; chacun donnait son avis ; on se
disputait partout[1]. » Le gouverneur en avait.

1. *Mémoires* de Rostopchine.

assez vu. Il refusa l'offre de Kutuzof de rester
jusqu'au soir, d'assister au conseil de guerre.
Il redescendit vers Moscou. Quand, à une
heure de l'après-midi, il fit sa rentrée dans la
ville, « on remarqua, rapporte un témoin
oculaire, la pâleur de son visage et l'agitation
convulsive de ses traits ».

18.

V

Alors assurément, devant ses yeux brûlés
de fièvre se précisa nettement la vision
horrible et grandiose : Moscou consumé et
détruit par la main de ses habitants, le berceau de l'Empire s'effondrant d'un seul coup
à l'approche des violateurs, le vainqueur de
l'Europe — à l'heure même où il croit toucher
au terme de la grande aventure — trouvant
brusquement devant soi, non le repos glorieux
au sein d'un grenier d'abondance, mais un
gouffre, un désert, un brasier rougeoyant, le
silence de la mort, l'horreur de la famine. Le
prince Eugène de Würtemberg, l'un des lieutenants de Kutuzof, vint, dans la soirée de ce
jour, rendre visite à Rostopchine : il rapporte
dans ses Mémoires les phrases entrecoupées

que laissa échapper son interlocuteur : « Si
l'on me consultait, lui dit le gouverneur, je
n'hésiterais pas à dire : « Brûlez la capitale
» plutôt que de la livrer à l'ennemi! Voilà
» l'opinion de Rostopchine. Quant au gouver-
» neur de la ville, qui a mission de veiller à son
» salut, celui-là ne peut donner ce conseil. »
Malgré cette distinction subtile entre l'homme
et le fonctionnaire, le prince de Würtemberg
n'eut aucun doute sur la résolution du comte.
En regagnant le camp de Kutuzof, il murmurait
entre ses dents, à la surprise de ceux qui l'en-
tendaient : « C'est incroyable, ce serait un acte
colossal! » Si violent que fût le choc de son
esprit, il prévoyait les conséquences d'un tel
acte de désespoir : « Oui, se répétait-il, ce serait
là le remède héroïque dans cette terrible crise! »

Rostopchine, à huit heures du soir, eut un
message de Kutuzof. Le général avouait enfin
sa décision d'abandonner Moscou, et demandait des guides pour diriger la retraite de
l'armée. Si prévue que fût la nouvelle, elle fut
pourtant reçue avec un transport de colère. Le
comte sur l'heure la transmit à l'Empereur :

« Cette mesure, Sire, écrit-il [1], décide du sort
de cette capitale et de votre Empire, qui fré-
mira de rage, en apprenant que l'on a livré la
ville où siégeait la grandeur de la Russie et où
sont les cendres de vos ancêtres. Je suivrai
l'armée; j'ai fait tout partir, et je n'ai d'autre
chose à faire que pleurer sur le sort de ma
patrie et sur votre destinée! » Mais loin
d'abattre son courage, la fureur et le désespoir
décuplèrent son activité. La nuit fut employée
à préparer le sacrifice. Il fit briser les armes,
noyer les poudres, défoncer les tonneaux de
vin, détruire les approvisionnements. Les
employés, les gens de la police, l'évêque et le
clergé « avec les saintes images », toutes les
autorités civiles et religieuses, furent expédiés
vers Wladimir sous une escorte de dragons [2].
De ces mesures *in extremis*, la plus remarquable sans doute est l'enlèvement des pompes
à feu, au nombre de plusieurs centaines.
Elles furent, sur l'ordre du gouverneur, em-
menées d'urgence hors de la ville. Le général
russe Wolzogen croisa leur long convoi;

1. Deuxième lettre du 1er septembre.
2. Lettre de Rostopchine à l'Empereur, du 8 septembre.

surpris de ce spectacle, il interrogea Rostopchine : « J'ai de bonnes raisons pour cela »,
répliqua brièvement le comte, qui aussitôt
détourna l'entretien.

Quand vint l'aube matinale, un gai soleil
d'automne illumina la dernière journée de
Moscou. L'aspect de la vieille capitale était
indescriptible. Dans les rues bourdonnantes,
un flot humain se répandait; la multitude courait aux portes de la ville, fuyait vers la campagne, avec des visages d'épouvante. D'innombrables charrettes — soixante-trois mille, dit
Rostopchine — emportaient, au milieu des
cris, toutes les richesses des habitants, tous
les trésors patiemment amassés au fond des
demeures séculaires. Seul, au quartier de la
noblesse, Rostopchine interdit que l'on tou-
chât aux deux palais qu'il avait à Moscou,
palais pleins d'objets d'art et de meubles précieux, dont la valeur s'élevait à un demi-
million de roubles : « J'ai laissé, mande-t-il à
l'Empereur[1], tout mon mobilier dans mes deux
maisons, pour avoir le droit de dire que je fais

---

[1] Lettre de Rostopchine à l'Empereur, du 13 octobre.

un sacrifice plus grand que les autres. »
Lorsqu'il alla rejoindre l'armée : « Pour moi,
dit-il à Wolzogen, je n'emporte que le cheval
que je monte et l'habillement dont je suis
vêtu. »

C'est mû par le même sentiment que, quelques jours plus tard, sachant qu'un détache-
ment français s'approchait de Woronovo, le
château familial où il avait vécu les plus douces
années de sa vie, il distribua des torches
enflammées à ses amis et à ses serviteurs et,
prenant lui-même un tison, donna fermement
le premier l'exemple de la destruction. Puis,
sur les ruines fumantes, il fit placer un écri-
teau où il traça ces lignes : « J'ai été huit ans
à embellir cette maison de campagne, et j'y ai
vécu heureux au sein de ma famille. Les
habitants de ce domaine, au nombre de
1720 âmes, le quittèrent à votre approche, et
je mets, de ma propre impulsion, le feu à ma
maison, afin qu'elle ne tombe pas en votre
pouvoir. Français, je vous ai abandonné mes
deux maisons de Moscou, avec un ameuble-
ment valant un demi-million de roubles. Ici
vous ne trouverez que des cendres ! »

A ces traits d'une grandeur antique, je dois, quoi qu'il m'en coûte, en ajouter un autre, que la Rome d'autrefois n'aurait sans doute pas désavoué, mais qui répugne aux mœurs et aux idées modernes. L'exaltation, la fièvre de la lutte, expliquent seules, sans la justifier, cette action arbitraire, ainsi que la nécessité d'exaspérer jusqu'au délire l'âme de la populace et de la pousser aux excès d'où sortirait le salut de l'Empire. Une heure avant son départ de Moscou, le gouverneur avait fait relâcher les vagabonds restés dans les prisons municipales. Deux prisonniers furent exceptés : un Français, du nom de Mouton, accusé d'avoir répandu des manifestes séditieux[1], et un jeune marchand russe nommé Verestchaghine, arrêté six semaines plus tôt pour avoir traduit, disent les uns, composé, disent les autres, en tout cas distribué, une « adresse de Napoléon aux princes de la Confédération du Rhin », et qui avait déjà comparu devant le Sénat pour crime de trahison[2]. Rostopchine

1. Il avait été condamné au knout par le tribunal de Moscou (Lettre de Rostopchine du 2 décembre 1812).

2. Ce Verestchaghine était un jeune homme de vingt-trois ans, fils d'un marchand de Moscou, « élevé, dit Ros-

ordonna qu'on les amenât tous deux sur le perron de son hôtel. Il s'adressa d'abord à son compatriote, lui reprocha en termes violents, devant une nombreuse multitude, sa forfaiture, son crime de lèse-patrie; après quoi, se tournant vers ses officiers d'ordonnance : « Sabrez-le! » cria-t-il d'une voix retentissante. L'ordre

topchine, dans la maison de son père par un Silésien nommé Khu, franc-maçon et martiniste ». Les lettres du gouverneur du Tzar en parlent pour la première fois à la date du 30 juin : « Vous verrez, Sire, par mon rapport au ministre de la police, quel scélérat j'ai déterré ici. Cette découverte a ramené le calme dans l'esprit de ceux qui s'effraient facilement. Je connais et votre clémence et votre bonté angélique, et le pardon que vous daignez accorder aux injures personnelles. Mais l'auteur d'une proclamation au nom de l'ennemi de sa patrie, et au commencement d'une guerre, est un traître et un criminel d'État. C'est ainsi qu'il sera jugé et puni selon les lois. Son exemple fera penser ceux qui voudraient l'imiter... » Nouvelle lettre quatre jours plus tard : « Son procès ne peut pas être long devant les tribunaux; mais il doit passer par le Sénat et traîner en longueur, tandis que l'exécution de la sentence ne saurait être assez prompte, vu la gravité du crime, l'incertitude de la populace et le doute du public. » Aussi, pour concilier « la rigueur nécessaire avec la clémence impériale », Rostopchine propose-t-il l'expédient suivant : que l'Empereur envoie un blanc-seing autorisant le gouverneur à « mener pendre » le coupable, avec cette clause secrète qu'une fois au pied de la potence, il ne sera que marqué à l'épaule et expédié en Sibérie : « Je mettrai, ajoute-t-il, beaucoup d'appareil à cette exécution, et on ne saura qu'il a sa grâce qu'au moment où je la prononcerai. » (Lettre du 4 juillet.) Le Tzar négligea de répondre; Verestchaghine demeura en prison, d'où il ne fut tiré que dans les circonstances qu'on vient de lire.

s'exécuta. Frappé de trois coups en plein corps, Verestchaghine roula jusqu'au bas des degrés : « Il fit semblant d'être mort, écrit froidement Rostopchine à l'Empereur; mais aussitôt qu'il vit partir ma suite, il se releva, et tomba dans un groupe de peuple qui le mit en morceaux, après avoir traîné le corps par les rues en criant : « *Voilà le traître de notre père !* [1] »

Mouton, tremblant de tous ses membres, s'attendait à un sort pareil. Mais Rostopchine, reprenant la parole : « Allez dire à Napoléon, fit-il d'un ton plus doux, que le misérable que je viens de punir était le seul de toute la ville de Moscou qui ait été ingrat envers son maître. » Il commanda qu'on le laissât passer. Docile, la foule ouvrit ses rangs, et le malheureux, sain et sauf, put s'échapper jusqu'au quartier français.

Ces exécutions faites, vers onze heures de la matinée, Rostopchine fit appeler l'aîné de ses enfants, Serge, âgé de seize ans à peine, mal remis d'une blessure reçuë à la Moskowa. Tous les deux montèrent à cheval et quittèrent

1. Lettre du 8 septembre.

leur hôtel. Aux barrières de la ville, ils croisèrent Kutuzof, entouré d'une nombreuse escorte : « Je le saluai, dit Rostopchine[1], et ne voulus pas lui adresser la parole; mais lui, me donnant le bonjour, me dit : « Je puis vous assurer » que je ne m'éloignerai pas de Moscou sans » livrer bataille ». Je ne lui répondis rien; car la réponse à une bêtise ne peut être qu'une sottise. »

Le gouverneur poursuivit son chemin. Quand, des hauteurs voisines, il vit derrière lui dans la plaine les coupoles dorées du Kremlin, étincelantes sous le clair soleil, Rostopchine s'arrêta, se tourna vers la ville, se découvrit solennellement, puis d'une voix altérée : « Salue Moscou pour la dernière fois, dit-il à son fils, dans une demi-heure elle sera en flammes! »

1. Fragment de Mémoires.

VI

Comme il l'avait annoncé à l'Empereur, il
rejoignit l'état-major, qu'il accompagna quelque temps. Le désordre était à son comble; la
démoralisation n'avait d'égale que la misère.
« Les soldats, écrit Rostopchine [1], ne font plus
une armée; c'est une horde de brigands, et ils
pillent sous les yeux de leurs chefs... Les fusil-
lades sont impossibles, car on ne peut mettre
à mort plusieurs milliers d'hommes par jour. »
En regardant plus haut, le tableau qu'il voyait
n'était guère moins pitoyable : « Les généraux
sont furieux, et les officiers disent hautement
qu'il est honteux de porter l'uniforme... Tout
est intrigue. Benningsen aspire au commande-

1. Lettre du 8 septembre.

ment en chef. Le prince Kutuzof n'existe plus ; personne ne le voit ; il reste couché, dort beaucoup. Le soldat le méprise et le hait. Il ne se décide à rien. Une petite fille habillée en cosaque l'occupe beaucoup... Il sera nécessaire, reprend-il peu de jours après, que ce vieil imbécile et plat courtisan soit rappelé et puni, ou il arrivera des malheurs incalculables. C'est une vieille femme commère, qui a perdu la tête, et qui croit faire quelque chose en ne faisant rien. »

Pour remédier au mal, tout au moins pour sauver l'honneur, une chose, dit-il, est nécessaire : la présence d'Alexandre à la tête de l'armée. Telle est la ligne de conduite qu'il trace au Tzar lui-même, avec une courageuse franchise : « Il faut, lui écrit-il[1], l'œil, la voix, la volonté du maître. Il faut, Sire, que vous vous décidiez à vous rendre à l'armée, à y rétablir l'ordre et à relever son courage... Et si le destin a résolu la chute de votre Empire, vous devez combattre au milieu de vos fidèles sujets, décidés à mourir sous vos

---

1. Lettre du 21 septembre.

yeux au champ de l'honneur. C'est là que vous devez vaincre ou périr vous-même! »

L'Empereur demeura sourd à ces exhortations. Kutuzof conserva le commandement en chef, se bornant à laisser agir le temps et la saison d'hiver. Mais, à l'heure même où Rostopchine semblait ainsi désespérer, l'obstacle dressé par ses mains arrêtait tragiquement la marche de l'envahisseur; le succès de son plan dépassait son attente. La nuit de son départ, l'incendie éclatait dans le quartier marchand, là même où se trouvaient les dépôts d'approvisionnements. « Le feu, mande Rostopchine au Tzar, prit aux boutiques et aux magasins à blé, le long des murs du Kremlin. Dans la matinée, il prit encore dans plusieurs endroits et, poussé par un vent violent, se propagea et continua ses ravages pendant quarante-huit heures. Il serait long de nommer les rues qui ont été consumées par les flammes; mais à peine il reste le quart de la ville... Bonaparte doit être furieux, car il ne fait aucun butin. »

Les habitants — qui, de 300 000 qu'ils étaient au début de la guerre, n'étaient plus que 10 000 à peine le jour de l'entrée des Français [1] — assistaient, dit un spectateur du drame, à la ruine de leurs biens et de leurs foyers avec un calme surprenant, que seul explique le fatalisme : « Quelques-uns sortaient les images, les plaçaient devant la porte, et s'en allaient. D'autres, interpellés pourquoi ils ne s'opposaient pas au progrès du feu, répondaient : « Dieu le voulait ainsi. » La nature concourut à l'œuvre destructrice. Le mercredi, vers neuf heures du matin, il s'éleva subitement un ouragan d'une impétuosité terrible. « C'est alors, dit le même témoin, que commença le grand incendie. De nos fenêtres nous le vîmes éclater au delà de la rivière. Et successivement, de distance en distance, toujours en remontant sous le vent, il fut porté dans l'espace d'une heure en dix endroits différents, de sorte que toute la plaine immense qui était couverte de maisons ne fut plus qu'une mer de flammes, dont les vagues se promenaient dans l'air. » D'une sorte de tableau dressé par Rostopchine résulte que Moscou comptait, la

1. Quelques jours plus tard le chiffre tomba à 3 000. *Séjour des Français à Moscou*, relation éditée à Bruxelles en 1871.

veille de l'incendie, près de 9 000 maisons,
dont 6 600 furent entièrement consumées et
détruites.

Dans les rapports que le Gouverneur général
adresse au Tzar sur l'événement, apparaît, dès
ce premier jour, le souci de se dégager de la
responsabilité directe dans cette catastrophe
effrayante. Le passage ci-après de sa lettre du
13 septembre est clairement destiné à dérouter
les soupçons de l'Empereur : « Je suis au
désespoir, lui dit-il, que Kutuzof ait agi en
traître vis-à-vis de moi; car, ne pouvant conserver la ville, je l'aurais brûlée, pour ôter à
Bonaparte la gloire de l'avoir prise, pillée,
puis livrée aux flammes. J'aurais ravi aux Français le prix de leur campagne; et les cendres
de la capitale, en leur faisant supposer tous les
trésors du monde perdus pour eux, leur auraient
fait savoir à quelle nation ils avaient affaire! »
D'autres lettres, les jours suivants, respirent
ce même désir d'éloigner la pensée qu'il ait
donné lui-même un ordre positif, allumé de sa
main le bûcher gigantesque. Il fait planer
volontairement comme un voile de mystère

sur l'origine de l'incendie, dénonce tantôt Napoléon et les pillards de son armée, tantôt les voleurs et les vagabonds russes, ou les traînards des troupes de Kutuzof. Parfois encore il insinue que les habitants demeurés et les marchands eux-mêmes ont pu mettre le feu à leurs propres maisons, poussés, dit-il, par le vieux principe moscovite : « Ne laisse tomber ton bien dans les mains de personne[1]. »

Ces réticences et ces dénégations peuvent, après un siècle écoulé, sembler quelque peu singulières. A présent qu'on connaît les suites de l'événement et que Moscou en flammes apparaît manifestement comme le gouffre où sombra la fortune de Napoléon, on s'étonne de voir l'homme qui sauva sa patrie par ce sacrifice héroïque désavouer par avance l'honneur de l'avoir accompli, et chercher à détruire l'édifice de sa gloire. Pourtant les faits qu'il me reste à conter justifient amplement la prévoyance de Rostopchine, montrent qu'il jugeait bien les revirements de l'opinion et la fragilité de la reconnaissance.

____

1. Lettre du 8 septembre.

Aux derniers jours d'octobre, six semaines après l'incendie, le gouverneur revenait s'installer dans les décombres de la capitale : « Je suis arrivé ici avant-hier, écrit-il à l'Empereur, et je fus droit au Kremlin. Votre palais est brûlé, le Sénat, le Muséum, la maison de l'archevêque, de même que les cathédrales, sont pillés et abîmés. Il n'y a pas 700 maisons qui puissent encore en porter le nom. » Malgré la ruine publique, il fut dans ce premier moment, salué par l'enthousiasme et l'acclamation unanimes. La foule, par les rues dévastées, se pressait sur ses pas, oubliait le tragique spectacle pour exalter le sauveur de l'Empire. Alexandre lui-même lui prodiguait les louanges et les remercjements. Sa popularité dépassait les frontières; en Allemagne, en Angleterre, tout était « à la Rostopchine »; on se disputait les portraits, les gravures, les médailles qui le représentaient; et toutes les gazettes célébraient « le libérateur de l'Europe ». Indifférent à cette fumée d'encens, il s'occupait avec ardeur à réparer la destruction et à soulager la misère. « La ville de Moscou doit être relevée, écrivait-il au Tzar. Il faut qu'elle renaisse de ses cendres mémorables, et que le tableau de sa destruction ne reste que dans le souvenir des témoins de son désastre. Que Pétersbourg soit l'endroit de votre séjour; mais que Moscou soit la ville de votre cœur. » Il obtenait du gouvernement impérial une somme de 20 millions de roubles à distribuer entre les incendiés, faisait évaluer les dégâts pour indemniser les plus pauvres.

Par une surprenante ironie, ce secours, cette répartition, furent précisément l'origine des premières plaintes qui retentirent chez ses administrés, donnèrent comme le signal de la réaction contre lui. Qu'était-ce que 20 millions pour une perte évaluée à 2 ou 3 milliards? Ce fut assez toutefois pour allumer les espérances et déchaîner les convoitises. Des masures, des boutiques, des demeures des bourgeois comme des palais des riches, un même concert monta, un concert de prières et de réclamations, timides d'abord, puis impérieuses, et bientôt enfin menaçantes. Le gouverneur fut assailli par un tumulte assourdissant de revendications avides, presque toujours exagérées, et quelquefois grotesques. « Tous vos revenus, écrit Rostopchine à l'Empereur[1], n'auraient pas suffi pour solder la moitié des prétentions. Une dame a porté en ligne de compte la somme de 380 roubles pour des serins brûlés ! »

C'est qu'à mesure que le temps coule, que le péril s'éloigne, les généreuses dispositions d'antan se refroidissent graduellement dans les âmes ; le dévouement, l'esprit d'abnégation, l'exaltation patriotique, font place aux suggestions de l'appétit, aux doléances des intérêts lésés. Et les malédictions grandissent, chaque jour plus violentes, contre l'homme que, trois mois plus tôt, l'on portait en triomphe. Rostopchine, écœuré, en arrive presque à regretter son acte de 1812, la « fausse idée », comme il dit à sa femme, qui l'a porté à croire que l'on devait tout sacrifier, alors qu'il s'agissait de l'honneur du nom russe, de l'indépendance de l'Empire : « Le mobilier, s'écrie-t-il amèrement, voilà ce qu'il y a de plus cher à l'homme ! »

Quelle fut, en face de cette cabale, l'attitude d'Alexandre, et ce qui se passa au juste entre l'Empereur et Rostopchine, quand, en l'an 1814,

1. Lettre du 2 décembre.

dans la ville de Moscou, ils se retrouvèrent en présence, c'est un point qui demeure obscur, parmi les assertions contradictoires des historiens et des mémorialistes. On a parlé d'une scène de violence, d'un congé donné brutalement, devant toute la Cour assemblée, par le maître absolu à son serviteur en disgrâce. Les lettres que le comte adressait à sa femme semblent démentir cette version; elles ne contiennent nulle allusion à une rupture si éclatante. Ce que l'on peut déduire de certaines phrases de cette correspondance, c'est qu'après de blessantes enquêtes sur la conduite du Gouverneur, enquêtes qui n'aboutirent à aucun résultat, le Tzar lui témoigna une froideur malveillante, où réapparaissait l'ancienne antipathie, sans qu'il y eût entre eux aucune explication sur le sujet qui leur brûlait les lèvres. Quelques années plus tard, dans la ville de Berlin, comme un questionneur indiscret l'interrogeait sur la vraie cause de la destruction de Moscou : « Ceci, monsieur, répondit Rostopchine, est une question que l'Empereur lui-même ne m'a pas faite, et je ne dois à personne d'y répondre. »

Quoi qu'il en soit, de ce moment, sa décision fut prise de se démettre de son poste et de quitter la vie publique. « Sitôt que l'Empereur sera de retour à Pétersbourg, écrit-il au comte Woronzoff[1], je compte également y aller, pour faire divorce avec Moscou. J'y ai vécu en enfer pendant deux ans. On me paie d'ingratitude. On me gratifie du titre d'incendiaire, moi qui ai perdu à toute cette histoire plus d'un million; car Voronovo et tous mes établissements sont brûlés; ma bibliothèque, mes tableaux, mes estampes, mes instruments de physique, tout a été pillé et saccagé. Je le dis à vous comme à un ami, car je ne parle pas de cela, et je n'y pense même pas... Je suis persuadé, ajoute-t-il, que, si mes enfants étaient réduits à la mendicité, ils n'auraient qu'à aller à Londres, et à dire dans le parc de saint-James : « Nous mourons de faim, et notre père était » Gouverneur général de Moscou en 1812. » Alors ils auraient de quoi boire et manger, et être à l'abri de la misère! »

La démission ne fut que le prélude; il s'y

1. 28 avril 1814.

joignit bientôt l'exil, un exil, il est vrai, moins imposé que volontaire, nécessité pourtant par la malveillance de la Cour. Huit années se passèrent à errer à travers l'Europe, à visiter d'abord l'Allemagne, puis plus longuement la France, où l'accueil qu'il reçut de ses adversaires de la veille dédommagea l'ancien gouverneur de Moscou des traitements qu'il essuyait de ses compatriotes. Et quand, en 1823, vieilli, las et malade, et se sentant près de sa fin, il désira, pour y mourir, revoir enfin la terre natale, il jugea nécessaire de faire précéder son retour par la retentissante brochure dont j'ai parlé précédemment, où il se dépouillait de sa couronne civique et sacrifiait sa gloire au souci du repos. Ce que l'on doit penser de cette dénégation, tout ce qu'on vient de lire l'explique, je pense, assez clairement pour qu'il soit superflu d'insister davantage. La passagère défaillance du vieillard ne saurait effacer l'acte héroïque et réfléchi qui fut, en son âge mûr, le durable honneur de sa vie, qui fit de Rostopchine, dans une heure solennelle, l'instrument de la destinée, le vainqueur du grand victorieux.

Son rôle en cette tragique histoire, il l'a lui-même brièvement résumé dans une conversation qu'il eut à Bade, en 1817, avec l'écrivain Varnhagen : « Il se moqua, écrit l'auteur allemand, de ceux qui s'imaginaient qu'il avait mis le feu à l'immense capitale avec une torche : « J'ai embrasé, dit-il, les esprits des hommes, » et, à ce plus terrible des feux, il est facile » d'allumer tous les flambeaux. » C'est en termes presque semblables que s'exprime Woronzoff, spectateur clairvoyant, témoin bien informé : « La générosité, la fermeté, le patriotisme, écrit-il au comte Rostopchine[1], existaient dans l'âme de la nation russe, comme le feu dans toute la matière qui compose le monde. Mais, quoique cet élément soit plutôt concentré dans le nitre, le charbon et le soufre, il resterait éternellement caché dans cette combinaison, s'il n'était obligé de paraître dans toute sa puissance éclatante par le contact d'une étincelle. Vous avez été cette étincelle! »

Et qu'on me laisse encore citer, comme conclusion de cette étude, les lignes où, mieux

____

[1]. 17 mars 1813.

inspiré qu'en 1823, Rostopchine se rend à lui-même un juste témoignage, dans la lettre qui clôt la correspondance inédite à laquelle j'ai fait tant d'emprunts : « Je ne vous cacherai pas, Sire[1], que le malheur qui semblait être attaché à votre destinée a réveillé le sentiment d'amitié dont mon cœur était plein jadis pour vous. Voilà ce qui m'a donné des forces surnaturelles pour surmonter les obstacles sans nombre que les événements faisaient naître chaque jour. Moscou est resté tranquille et dépeuplé, la province fidèle, et indocile à l'ennemi. En y entrant, il a trouvé la famine, en la quittant, sa destruction. De tout temps, je n'ai ambitionné que votre confiance; j'en ai été investi, et j'ai sauvé l'Empire! »

1. 2 décembre 1812.

TABLE

38   3.12   6 Mars 18